SELLNER

AMERIKANISCH IM ALLTAG

Alphabetisch geordnetes Nachschlagewerk
von amerikanischen Sentenzen, Sprichwörtern,
Phrasen, Floskeln, Redewendungen, Zitaten und
Formeln sowie Abkürzungen mit rund
1500 Stichwörtern aus allen Lebensbereichen

VMA-VERLAG
WIESBADEN

Zusammenstellung:
Wolfram Leonhardt, Susan Rambow

VMA-Vertriebsgesellschaft
Modernes Antiquariat mbH & Co.
Verlags-KG, Wiesbaden

Lizenzausgabe 1989 mit freundlicher Genehmigung
des Originalverlages

ISBN – Cura Verlag – 3-7027-0234-2

VORWORT

USA-Reisende machen häufig die Erfahrung, daß ihnen ihr an der Sprache des südlichen Englands orientiertes Schulenglisch, sosehr es sich bei einem Besuch Londons auch schon bewährt haben mag, in New York, Chicago oder Atlanta nicht mehr so wirksam weiterhilft. Beim ersten Hinhören erscheint ihnen nur die Aussprache der Amerikaner sonderlich, vor allem, wenn sie mit einem *nasal twang* oder einem *drawl* sprechen (das heißt, wenn sie näseln oder gedehnt sprechen); bald kommt jedoch auch im Wortschatz und selbst in der Grammatik Unbekanntes auf sie zu. Die Aussage George Bernard Shaws, einem Bonmot von Oscar Wilde nachempfunden, nimmt Gestalt an: *England and America are two countries separated by the same language.*

Die Sprache des Amerikaners – Sprachlehrer und Sprachforscher bevorzugen die Bezeichnung »amerikanisches Englisch« – ist zwar in ihrem Kern die Sprache, die englische Siedler im 17. Jahrhundert über den Atlantik mitgenommen hatten. Aber schon während der frühen Besiedlungsgeschichte der amerikanischen Ostküste gaben die neuen Lebensbedingungen und die Zusammenführung mit anderen Einwanderersprachen schnell Anlaß zur Weiterentwicklung. Diese wurde in der Folgezeit durch die immer eigenständiger werdende politische und kulturelle Entwicklung der Vereinigten Staaten, durch den Ausbau von Industrie, Handel und Verkehrswesen und schließlich durch die Medien, die Werbung und den Sport vorangetrieben.

Zu den – in Klang- und Schriftbild häufig dem Englischen angeglichenen – Entlehnungen aus anderen Sprachen gehören natürlich auch Wörter aus dem Deutschen; neben fachsprachlichen auch Alltagswörter wie *kindergarten, noodle, prost, wanderlust*; über das Jiddische *gefilte fish, kibitz* oder *landsman*; daneben auch – regional auf das Gebiet des *Pennsylvania Dutch* begrenzt – Wörter wie *dummkup, hinnerdale, nixnootzich, plesseerlich, schlafferich* oder *schnoopdooch,* die dem deutschsprachigen Leser trotz ihres *ferhoodled* Buchstabenkleids noch verständlich sein dürften.
Die in diesem Buch zusammengestellte Sammlung von Wörtern und Wendungen soll dem an den Vereinigten Staaten interessierten Leser eine Einführung in den Gebrauch der englischen Sprache im heutigen amerikanischen Alltag geben. Dem, der amerikanische Zeitungen und Zeitschriften liest, soll das Verständnis landeskundlicher Schlüsselwörter zur amerikanischen Politik, Gesellschaft und Kultur erleichtert werden. Ausdrücke wie *caucus, electoral college, gerrymander, incumbent, Oval Office, pork-barrel politics, split ticket; affluent society, babbittry, ethnics, melting pot, Middle America, upper crust; Beat Generation, Ivy League und vaudeville* sind entweder amerikanische Neuprägungen der letzten Jahrzehnte oder werden, sofern sie historische Wurzeln haben, auf aktuelles Zeitgeschehen bezogen.
Dem USA-Reisenden sollen Ausdrücke erklärt werden wie *bagel and lox, ballpark figure, billboard, double-feature, greasy spoon, hushpuppy, mugging, panhandle* oder Abkürzungen wie *AAA, BLT, FBI, ID*

oder *IOU.* Und schließlich ist an den Leser gedacht, der gewillt ist, mehr Zeit und Mühe auf das Erlernen der Sprache – und das Nachdenken über Sprache – aufzuwenden: Ihm wird eine Auswahl von idiomatischen Wendungen (auch Slangausdrücken), Zitaten und Sprichwörtern angeboten, die auf der einen Seite nützlich für den praktischen Sprachgebrauch sind, auf der anderen Seite die Phantasie und den Humor, bisweilen auch die scharfzüngige Spottlust veranschaulichen, die hier sprachschöpferisch wirksam wurden. Um bei den aufgenommenen idiomatischen Ausdrükken eine ausgewogene Verteilung über viele Lebensbereiche zu gewährleisten, wurden Wendungen, die auch im britischen Englisch sehr bekannt sind, nicht immer von vornherein ausgeschlossen. Andererseits mußten Einschränkungen gemacht werden, um aus der Fülle des Verfügbaren das auszuwählen, was im Rahmen dieses Buches möglich ist. Fachjargon, so produktiv er auch sein mag, wurde weitgehend ausgeklammert. Das schnellem Wandel unterliegende Vokabular der Drogenszene und der Unterwelt sowie der Jargon aus dem sexuellen Bereich, die alle in modernen Slangwörterbüchern einen breiten Raum einnehmen, mußten ebenso auf wenige Beispiele reduziert werden wie Spottnamen für andere Völker oder für Volksgruppen im eigenen Land. Verzichtet wurde auch auf Wörter, die als Entlehnungen in anderen Sprachen so alltäglich geworden sind, daß sie keiner Erklärung mehr bedürfen, z. B. *bestseller, comeback, common sense, image, layout, skyline* oder *stuntman*, neuerdings vielleicht auch schon *jobsharing, marketing, safer sex, sponsor* etc. Hierzu gehören nicht die

Scheinentlehnungen *Dressman, Pullunder* und *Twen*. Diese Wörter gibt es weder im britischen noch im amerikanischen Englisch! Und schließlich sind auch direkte Gegenüberstellungen von unterschiedlichen, aber bedeutungsgleichen Wörtern des britischen und amerikanischen Englisch (z. B. *pavement* und *sidewalk*) nur in wenigen wichtigen Fällen erfolgt, etwa bei Ausdrücken des Straßenverkehrs und bei Autoteilen. Ebenso wie für den umgekehrten Fall, das gleiche Wort mit unterschiedlicher Bedeutung im britischen und amerikanischen Englisch (z. B. *fag*), sind Wortlisten anderweitig leicht verfügbar.
Grundsätzlich war die Auswahl von dem Bestreben geleitet, regional begrenzte Ausdrücke und vergängliche sprachliche Modeerscheinungen zu meiden und dagegen den Wörtern und Wendungen den Vorzug zu geben, die von *native speakers* unterschiedlichen Alters und unterschiedlicher Berufe verstanden und verwendet werden. Durch detaillierte Beantwortung diesbezüglicher Umfragen haben uns Kollegen, Bekannte und Familienmitglieder in Übersee und hier tatkräftig unterstützt. Ihnen allen sei herzlich gedankt.

Susan Rambow
Wolfram Leonhardt

A

AAA *(American Automobile Association, »Triple-A«).* Automobilclub.

ABC *(American Broadcasting Corporation)* große amerikanische Rundfunkgesellschaft, wie auch *CBS (Columbia Broadcasting System)* und *NBC (National Broadcasting Corporation).* Der Sender der amerikanischen Streitkräfte heißt *AFN (American Forces Network).*

abolitionist Verfechter der Abschaffung von Sklaverei vor und während des amerikanischen Bürgerkrieges (*abolish* = abschaffen).

across the board gleichmäßig (auf alle Beteiligten) verteilt.

act up verrückt spielen; sich aufspielen.

add insult to injury etwas noch schlimmer machen. Wörtlich: einer Verletzung eine Beleidigung hinzufügen.

ad lib auch als Verb verwendet: improvisieren, aus dem Stegreif sprechen; z. B. *he ad libbed for ten minutes about ecology in China.*

administration der Präsident, seine Kabinettsmitglieder und andere von ihm ernannte Beamte. Sie »verwalten« die vom Kongreß gemachten Gesetze. Auch: Amtsperiode eines Präsidenten, z. B. *the Bush administration.*

affluent society Überflußgesellschaft. Der heute gesellschaftskritisch verwendete Ausdruck ist ursprünglich Titel eines Buches von John Kenneth Galbraith aus dem Jahre 1958. Der Autor setzt sich mit dem Mißverhältnis von privatem Reichtum und öffentlicher Armut auseinander.

AFL-CIO *(American Federation of Labor & Congress of Industrial Organizations)* Dachverband der amerikanischen Gewerkschaften.

the Afro Frisur, die Schwarze von den sechziger Jahren an als Zeichen ihrer eigenständigen Kultur trugen. Der »Afrolook« widersprach dem Schönheitsideal glattgekämmter Haare *(processed hair)* nach dem Vorbild der Weißen. Eine Variante sind *cornrows*, kleine nebeneinandergereihte Zöpfe.

against the grain gegen den Strich.

all in a day's work zur Tagesordnung, zur täglichen Routine gehörend; nicht ungewöhnlich.

all thumbs linkisch, ungeschickt. Wörtlich: nur Daumen. *He is all thumbs*, er hat zwei linke Hände.

alumna, alumnus ehemalige Schülerin oder Studentin/ehemaliger Schüler oder Student. Auch im Plural haben sich die lateinischen Formen erhalten: *alumnae, alumni.*

American Dream ein Begriff, der sich einer klar umrissenen Definition widersetzt, andererseits immer wieder zu Neubestimmungen und Neuorientierungen reizt. Er ist fester Bestandteil politischer Rhetorik und schließt – mit wechselnder Gewichtung – Vorstellungen wie freiheitliche Gesellschaft, Rechte des Individuums, materieller Wohlstand und Zukunftsoptimismus ein. → *frontier,* → *I have a dream,* → *golden opportunity,* → *from rags to riches,* → *manifest destiny.*

anchorman (auch: anchor, anchorperson) Moderator(in) einer Nachrichtensendung; Studioredakteur(in), Diskussionsleiter(in).

annie oakley Freikarte. Eine gelochte Eintrittskarte, die an die Spielkarten erinnert, welche die sagenumwobene Kunstschützin Annie Oakley in der Luft durchlöcherte. Musical und Film: *Annie Get Your Gun.*

antebellum vor dem Bürgerkrieg; bezogen z. B. auf Architektur.

antinuke *antinuclear,* gegen Kernenergie und Atomrüstung.

apple polisher Schmeichler, »Schleimer«.

have been around herumgekommen sein; sich auskennen.

as if on cue wie gerufen. Wörtlich: wie auf das Stichwort (Theaterausdruck).

ask not what your country can do for you; ask what you can do for your country aus John F. Kennedys Antrittsrede.

asleep at the switch unachtsam, fahrlässig, schlampig. Wörtlich: am Schalter eingeschlafen (aus der Eisenbahnersprache).

asphalt jungle Großstadtdschungel. Das Schlagwort, das sich auf den Überlebenskampf im Großstadtmilieu bezieht, war lange vor dem gleichnamigen Film in Amerika bekannt.

assemblyman Abgeordneter in der *legislature*, der gesetzgebenden Körperschaft eines Bundesstaates.

at loggerheads verschiedener Meinung; verfeindet.

at loose ends ohne (Zukunfts-)Pläne, ohne feste Beschäftigung.

atomic/nuclear die beiden Wörter werden, ähnlich

wie Atom- und Kern- in deutschen Wortzusammensetzungen, fast gleichwertig vor Wörtern wie → *fall-out, energy* oder *submarine* verwendet.

at one's wit's end mit seiner Weisheit am Ende. Die gleiche Bedeutung haben *at the end of one's rope, at a loss.*

at sea ratlos, im Dunkeln tappend.

at sixes and sevens durcheinander; uneins.

at the drop of a hat im Handumdrehen, auf Anhieb, auf der Stelle.

audit eine Lehrveranstaltung besuchen, ohne ein Referat oder eine Abschlußprüfung zu machen; einen »Sitzschein« machen. Auch: als Gasthörer teilnehmen.

automobile Die Teile des Autos werden im amerikanischen Englisch gelegentlich anders bezeichnet als im britischen Englisch. Hier einige wichtige amerikanische Varianten: *antenna* (Antenne), *fender* (Kotflügel), *gas pedal* (Gaspedal), *gear shift* (Gangschaltung), *hood* (Motorhaube), *license plate* (Nummernschild), *parking light* (Parklicht), *side mirror* (Seitenspiegel), *tail light* (Rücklicht), *trunk* (Kofferraum), *windshield* (Windschutzscheibe).

AWOL *(absent without leave)* unerlaubte Entfernung von der Truppe. *He went AWOL* heißt umgangssprachlich: Er hat sich verdrückt.

B

Babbitt selbstzufriedener Spießbürger ohne hohe geistige Ambitionen. Dazu auch das Abstraktum *babbittry.* Das Wort, ursprünglich Titel und Titelfigur eines satirischen Romans von Sinclair Lewis (1922), ist in sich schon wieder zum Klischee geworden.

backlash heftige Reaktion, Rückwirkung. Der Ausdruck *white backlash* wurde in den sechziger Jahren bekannt, als nach der Gesetzgebung im Sinne der Bürgerrechtsbewegung eine Wahlniederlage Präsident Johnsons vorausgesagt wurde.

backseat driver Besserwisser. Der Ausdruck bezieht sich auf jemanden, der vom Rücksitz aus dem Fahrer des Autos unaufgefordert Ratschläge gibt.

back talk freche Antworten.

back to normalcy Präsident Harding prägte den Ausdruck mit der Wortbildung ›*normalcy*‹ 1920 in einer Rede. Heute meistens mit ironischem Unterton verwendet.

back to square one nochmal von vorne. Die Redewendung stammt aus den Anfängen der Sportberichterstattung und wurde später auch auf Brettspiele übertragen.

bagel and lox beliebtes ringförmiges Hefegebäck, das mit Philadelphia-Käse und Lachs *(lox)* gegessen wird. *bagel* kommt von jiddisch-deutsch *beigen,* beugen.

bag ladies obdachlose Frauen, die ihre Habê in Plastiktüten mit sich führen oder in Tüten Brauchbares aus dem Wohlstandsmüll einsammeln.

bail someone out jemanden gegen Kaution freibekommen; auch allgemein: jemandem aus der Patsche helfen.

baker's dozen dreizehn. Der Ausdruck bezieht sich darauf, daß Bäcker ein dreizehntes Brot zu einem Dutzend dazugaben, um fehlendes Gewicht auszugleichen.

the ball is in your court jetzt bist du an der Reihe.

ball of fire Energiebündel, Himmelsstürmer.

the ballot is stronger than the bullet die Wahlkugel (bzw. der Stimmzettel) ist stärker als die Gewehrkugel. Abraham Lincoln, in einer Rede (1856).

ballpark figure ungefähre Kosten; Preis in realistischem Rahmen. Dahinter steht die Vorstellung eines weit geschlagenen Balles, der gerade noch innerhalb des Baseballstadions landet.

ballyhoo etwas marktschreierisch anpreisen; viel Trara um etwas machen; das Trara, der Wirbel.

baloney Unsinn, Quatsch; z. B. in der Wendung: *He gave me some baloney about a big black fish.* Wörtlich: italienische Fleischwurst, Mortadella. *Baloney* ist eine Verballhornung von *Bologna.*

bandwagon wörtlich: der Wagen mit der Musikkapelle. Meistens in der politischen Redewendung: *to get/jump on the bandwagon,* sich einer erfolgreichen Partei, Kampagne, Aktion anschließen.

bargaining chip Vorteil, der bei Verhandlungen ausgespielt wird; Trumpfkarte.

barge in hereinplatzen.

his bark is worse than his bite er ist nicht so schlimm, wie er scheint.

bark up the wrong tree auf der falschen Fährte sein; sich an die falsche Adresse wenden.

barnstorming Wahlfeldzug »über die Dörfer«. Der »Sturm auf die Scheunen« war ursprünglich nicht Sache der Politiker, sondern zweitklassiger Schauspieltruppen.

bathroom meistens ein Euphemismus für Toilette; besonders in der Frage: *Can I use your bathroom?* Andere Ausdrücke – je nach der Umgebung, in der sie gebraucht werden: *facilities, john, powder room, restroom, wash room*. Als Frage auch: *Where can I wash my hands?*

bean counter »Erbsenzähler«.

beat a dead horse sich mit einer längst erledigten Sache befassen.

beat around the bush um eine Sache herumreden; wie die Katze um den heißen Brei herumgehen. Auch: *pussyfoot around.*

Beat Generation/Beat Writers amerikanische Dichter und Schriftsteller, die sich – besonders in ihren in der zweiten Hälfte der fünfziger Jahre veröffentlichten Werken – gegen das kulturelle und moralische Wertesystem ihrer Zeit wandten. Ihre eigene Subkultur setzte sich in der Protestbewegung der sechziger und siebziger Jahre fort. Programmatisch für sie wurden die Gedichte Allen Ginsbergs. *Beat* ist hier sowohl im Sinne von *beaten down* als auch im Sinne von *beatific,* »beseligend«, zu verstehen.

beat the bushes intensiv suchen. Dagegen heißt »bei

jemandem auf den Busch klopfen« im Englischen *to sound someone out.*

bee (sewing bee, quilting bee, spelling bee) Treffen von Nachbarn und Freunden zu gemeinsamer Tätigkeit, z. B. »Nähkränzchen«.

beergarden der bayrische Biergarten, in Amerika nachgestaltet und auch sprachlich entlehnt.

behind the eight ball in Schwierigkeiten. Die Wendung bezieht sich auf eine Billardvariante, bei der der Spieler im Nachteil ist, dessen einzulochender Ball hinter dem Ball Nr. 8 liegt.

behind the times veraltet, rückständig.

be in stitches sich kaputtlachen. In wörtlichem Sinne: Seitenstiche vor Lachen bekommen.

be in the dark im dunkeln tappen.

be left holding the baby eine Sache am Hals haben.

be left holding the bag eine Sache ausbaden müssen (für die man nicht allein verantwortlich ist).

believe it or not ob du's glaubst oder nicht! Die Redewendung prägte sich durch eine langlebige Comic-Serie, *Ripley's Believe it or Not,* ein, in der Kurioses und Anekdotisches vorgestellt wurde.

bellyache »meckern«, nörgeln; z. B. *He is always bellyaching about his wife.* Wörtlich: Bauchweh.

below the belt unter der Gürtellinie.

bend/lean over backwards alle Anstrengungen unternehmen; sich »abstrampeln«.

bend someone's ear jemandem die Ohren vollblasen; z. B. *He was bending everyone's ear about his new job.*

be quick on the up-take schnell kapieren.

beside the point unerheblich, nicht zur Sache gehörend.

be stumped (total) verblüfft sein; nicht weiter wissen.

between a rock and a hard place zwischen Szylla und Charybdis, in einer Zwickmühle. → *between the devil and the deep blue sea.*

between the devil and the deep blue sea in einer ausweglosen Lage, in einer Zwickmühle. *devil* ist hier die Fuge im Rumpf eines alten Segelschiffes. Sie mußte bei Ebbe unter Zeitdruck repariert werden, bevor die Flut, *the deep blue sea,* kam. → *between a rock and a hard place.*

you can bet your bottom dollar wörtlich: Darauf kannst du deinen letzten Dollar verwetten! Darauf kannst du Gift nehmen.

be up to something etwas im Schilde führen.

beyond one's depth über jemandes Horizont.

Bible Belt Bezeichnung für die Südstaaten, in denen der religiöse Fundamentalismus besonders stark vertreten war.

the Big Apple/the Apple gemeint ist die Stadt New York.

a big frog in a small pond ein »hohes Tier« in kleinem Wirkungsbereich.

the bigger they come, the harder they fall je größer sie sind, desto härter fallen sie. Ausspruch eines amerikanischen Boxchampions, der gegen einen körperlich überlegenen Gegner antreten mußte.

a big shot ein »hohes Tier«. Auch: *a big cheese, a big gun, a big wheel;* → *VIP.*

big-time operator, big-timer »Spitzenmann«, »große Nummer«.

bigwigs »Größen«. Oft in Formulierungen wie: *all the party bigwigs were there;* alle Parteigrößen waren zur Stelle (*wig* = Perücke).

billboard Reklamefläche; im Freien aufgestellte Reklametafel.

billion Milliarde. Das deutsche Billion heißt im Amerikanischen *trillion.*

the birds and the bees in der Formulierung *tell a child about the birds and the bees,* ein Kind aufklären. → *facts of life.*

bite off more than one can chew sich zuviel zumuten.

bite the bullet in den sauren Apfel beißen; die bittere Pille schlucken. In der Politik auch: eine schwierige, evtl. unpopuläre Entscheidung treffen. Die Wendung geht auf die Maßnahme zurück, Patienten in Feldlazaretten auf eine Kugel beißen zu lassen, um sie von den Schmerzen abzulenken.

black von Schwarzen als neutraler Begriff akzeptiert und deshalb dem Wort *negro* vorzuziehen. *Nigger* ist natürlich ein Schimpfwort. *Colored* wird nur noch selten verwendet, z. B. in *NAACP, National Association for the Advancement of Colored People.*

black power der in den sechziger Jahren bekannt gewordene und von der schwarzen Bürgerrechtsbewegung aufgenommene Slogan umfaßt das Spektrum zwischen Stolz auf die eigene Rasse *(black is beautiful)* und Machtanspruch.

bleachers nicht überdachte Tribüne (auf der die Zuschauer von der Sonne ausgebleicht werden).

blind alley etwas, das zu nichts führt, nichts einbringt. Wörtlich: Sackgasse.

blind date Rendezvous mit einem/einer Unbekannten. Auch: unbekannter Rendezvouspartner.

blitz Blitzkrieg, schwerer Luftangriff. Auch als Verb im Sinne von heftig attackieren, besiegen.

block in amerikanischen Städten ein von Straßen eingegrenzter Häuserblock. Das Wort wird auch bei Wegebeschreibungen benutzt: *three blocks from here,* drei Straßen weiter.

blooper blamabler Fehler, mit dem man sich der Lächerlichkeit aussetzt.

blow one's top »hochgehen«, »einen Anfall bekommen«, »überschnappen«. → *fly off the handle,* → *hit the ceiling.*

blow the whistle on someone jemanden »verpfeifen«, eine Verfehlung oder Straftat an die Öffentlichkeit bringen.

BLT *(bacon, lettuce, tomato)* ein Brot mit (gebratenem) Speck, Salat und Tomaten.

blue traurig, schwermütig. *He's got the blues today* = Er hat heute den »Moralischen«.

blue collar/white collar die Ausdrücke beziehen sich auf (manuelle) Arbeiter einerseits und (Büro-)Angestellte andererseits. Neu dazu kommt *pink collar,* das sich auf traditionelle Frauenberufe bezieht, wie Sekretärinnen und Kindergärtnerinnen.

Blue Cross größte private Krankenversicherung in den USA.

Blue Laws puritanische Gesetze in den Neuenglandstaaten, besonders zum Schutz des Sonntags. Sie wurden in den Jahrhunderten ihres Bestehens häufig geändert und nicht immer streng durchgesetzt. Der Name soll von dem blauen Papier herkommen, auf das sie gedruckt wurden.

blurb Klappentext eines Buches; neuerdings auch: überschwengliche Reklame. Das Wort wurde 1907 von dem Humoristen Gelett Burgess lautmalerisch geprägt.

BO *(body odor)* Körpergeruch.

boll weevil Baumwollkapselkäfer; als Schimpfwort auf konservative Demokraten in den Südstaaten bezogen, die im Kongreß mit den Republikanern stimmen.

bonanza reiche Erzader; Goldquelle, auch im übertragenem Sinne in Wortverbindungen wie *oil bonanza* und *box-office bonanza* (Kassenschlager).

boob tube Röhre, Glotze, Fernseher.

booby trap eine versteckt angebrachte Falle, versteckte Sprengladung, Bombe. *Booby* bedeutet »Trottel«.

boomerang zurückfallen auf, sich als Bumerang erweisen; z. B. *We don't want the whole thing to boomerang on you.*

the boondocks (boonies) die (finsterste) Provinz; eine entlegene Gegend. Das Wort kommt aus dem Tagalog (der Staatssprache der Philippinen) und heißt dort *bundok*; es bezieht sich auf das schwer zugängliche und gefährliche philippinische Bergland.

bootlegger Alkoholschmuggler und -händler; ursprünglich einer, der seine Ware im Stiefelschaft versteckt hat. *Bootlegging* stand im Zentrum der Kriminalität der zwanziger und dreißiger Jahre, in der Zeit der → *Prohibition.*

booze Alkohol, besonders Whiskey; saufen; Besäufnis. In der Ableitung *boozed* heißt es »besoffen«, und die Ableitung *boozer* bedeutet »Säufer« (aus dem Niederländischen).

borscht belt so wird scherzhaft eine Gegend in den Catskill Mountains nördlich von New York genannt, die für ihre bei vielen Juden beliebten Urlaubshotels bekannt ist. Borschtsch ist eine russische Kohlsuppe mit Fleisch und roten Rüben.

boss das in aller Welt verbreitete Wort wurde aus dem Niederländischen (*baas,* Meister) von den frühen Bewohnern New Amsterdams (des späteren New York) in das amerikanische Englisch übernommen.

bottom line das letzte Wort zu einer umstrittenen Sache.

bounce Rausschmiß; rausschmeißen, kündigen. *bouncer* bedeutet »Rausschmeißer« im Nachtlokal.

bra burner „Emanze". Das (symbolische) Verbrennen von BHs und damit das Propagieren einer BH-losen Mode war eine Aktion im Zusammenhang mit der Frauenbewegung der siebziger Jahre.

brain drain Abwanderung von Wissenschaftlern in ein anderes Land, in dem sie bessere Arbeits- und Lebensbedingungen vorfinden.

brainstorming Lösung einer Aufgabe oder eines Problems durch Sammeln spontaner Einfälle.

brain trust ursprünglich auf die Wahlkampfberater

Franklin D. Roosevelts, später auf Expertengremien aller Art bezogen.

brainwashing Gehirnwäsche. Das Wort wurde mit Beginn des Koreakriegs bekannt, zunächst als durch Versprechungen, Drohungen, Dauerverhöre und Folterungen verstärkte politische Indoktrination. Später bezog es sich auf andere Formen massiver Überredung und Umerziehung.

briefing/debriefing ursprünglich Einsatzbesprechung vor und nach einem militärischen Auftrag; heute auch auf andere Situationen bezogen, in denen Information angefordert und gegeben wird (*brief* = kurz).

bring the house down einen Riesenapplaus erzielen.

brinkmanship Politik des äußersten Risikos, »Spiel mit dem Feuer«. Zusammensetzung aus *(on the) brink* (= am Rande) und *gamesmanship* (= mit allen noch erlaubten Tricks kämpfen); bekannt gemacht durch Stephen Potter. *Brinkmanship* wurde 1956 von dem Politiker Adlai Stevenson in seiner Kritik an der Außenpolitik von Präsident Eisenhower und Außenminister John Foster Dulles verwendet.

broke »pleite«, »blank«.

brunch zusammengezogen aus *breakfast* und *lunch*. Essen am späten Vormittag, meistens an Wochenenden und mit der Einladung von Gästen verbunden.

buck Dollar. Schnell reich werden heißt *make a fast buck*.

buckle down sich an die Arbeit machen (*buckle* = sich krümmen).

buddy Kamerad, »Kumpel«.

buff Fan, Liebhaber, z. B. *hi-fi buff.*

in the buff nackt. Wörtlich: in der (eigenen) Haut.

bug ein Wort, das sich im amerikanischen Englisch unter anderem auf Insekten beziehen kann, aber auch auf ausländische Kleinwagen und – wie »Wanze« im Deutschen – auf Abhörgeräte. *To bug* kann ärgern, irritieren heißen, z. B. *It really bugs me when people leave litter after picnics.*

build castles in the air Luftschlösser bauen; auch: *build castles in Spain.*

bull session zwangloses Gespräch in einer kleinen Gruppe, ursprünglich Männerrunde. → *stag party.*

bum Gammler, Bummler; von letzterem wahrscheinlich auch entlehnt. Als Adjektiv: schlecht, falsch, minderwertig. *Bum rap* bedeutet ungerechtfertigte Beschuldigung oder Bestrafung.

bureau im amerikanischen Englisch in der Bedeutung Kommode. Dagegen wurde als *commode* ein Stuhl mit integriertem *chamber pot* bezeichnet.

burn one's bridges alle Brücken hinter sich abbrechen.

burn one's candle at both ends mit seinen Kräften/seiner Gesundheit Raubbau treiben. Edna St. Vincent Millay (1892–1950) verwendet das Bild der Kerze, die an beiden Enden abbrennt, in einem ihrer Gedichte: *My candle burns at both ends; / It will not last the night; / But, ah, my foes, and oh, my friends – / It gives a lovely light.*

bury the hatchet das Kriegsbeil begraben. Die Wendung geht auf eine durchaus wörtlich zu nehmende

Sitte der Indianer zurück: sie begruben in einem Friedenszeremoniell ihre *tomahawks.*

busing Beförderung mit Bussen, insbesondere von Kindern, die, zur Förderung der Rassenintegration, zu weiter entfernten Schulen gefahren werden.

busman's holiday freier Tag (oder Urlaub), an dem man doch seine normale berufliche Arbeit verrichtet. Postkutscher sollen früher an ihrem freien Tag zu ihrer Arbeitsstelle geschlichen sein, um zu kontrollieren, ob ihre Pferde auch gut behandelt wurden.

butterflies in one's stomach meistens in der Form: *I've got butterflies in my stomach,* mir ist ganz flau im Magen.

butt in sich einmischen.

buy a pig in a poke entspricht dem Deutschen »die Katze im Sack kaufen«.

C

call it a day für heute Schluß machen.

call someone's bluff jemanden dazu zwingen, Farbe zu bekennen (Pokersprache).

call the plays / shots das Sagen haben (im amerikanischen Fußball: Spielzüge ansagen).

campus Universitätsgelände; auch allgemein Universität, College. *To live on / off campus* bedeutet im Studentenheim / privat wohnen.

candy Sammelbezeichnung für Süßigkeiten. Über die Verwendungsmöglichkeiten von *candy* macht sich Ogden Nash (1902–1971) in seinem bekannten Zweizeiler *Reflection on Icebreaking* Gedanken: *Candy is dandy, / But liquor is quicker.* Süßes ist toll, aber mit Schnaps geht's schneller.

a can of worms ein schwieriges Problem, das, wie die Büchse der Pandora, eine Folge von noch größeren Schwierigkeiten nach sich zieht. Wörtlich: eine Büchse Würmer.

Capitol Sitz der gesetzgebenden Versammlung eines Bundesstaates oder, auf dem *Capitol Hill* (→ *the Hill*) in Washington, Sitz des Kongresses.

a card up one's sleeve einen Trumpf in der Hand (oder im Ärmel). Daß mit der Karte »im Ärmel« ja eigentlich eine Betrügerei geplant ist, scheint bei der heutigen Verwendung der Redensart keine Rolle mehr zu spielen. → *up one's sleeve.*

CARE *(Cooperative for American Relief Everywhere)* Hilfsorganisation, die Güter für den dringenden Bedarf in alle Welt versendet.

carpetbagger skrupelloser Geschäftsmann oder verantwortungsloser Politiker. Historisch handelt es sich um Amerikaner aus den Nordstaaten, die nach Ende des Bürgerkrieges (→ *Reconstruction*) in die Südstaaten reisten, um die dortige Notlage für ihre Geschäfte auszunutzen. *Carpetbags* waren billige Reisetaschen, die damals viel benutzt wurden.

car pool Fahrgemeinschaft.

carry a torch for someone jemandem eine unerwiderte Liebe entgegenbringen.

catch someone redhanded jemanden auf frischer Tat ertappen.

there's a catch to it die Sache hat einen Haken. → *catch – 22.*

catch – 22 eine in sich widersprüchliche und deshalb ausweglose Situation. Nach dem Titel eines satirischen Romans von Joseph Heller (1961), in dem die Hauptfigur, mit den Absurditäten des Krieges konfrontiert, immer wieder in Situationen dieser Art gerät. Der Flieger könnte z. B. vom Einsatz befreit werden, wenn sich herausstellt, daß er geistesgestört ist. Die Begründung erweist sich jedoch als nicht stichhaltig: gerade sein Versuch, sich dem Schrecken des Krieges zu entziehen, wird als Zeichen von geistiger Normalität angesehen.

catercorner(ed), cattycornered diagonal gegenüber, z. B. *the laundromat* (Waschsalon) *is cattycorner to Walgreen's bakery.* Ableitungen von franz. *quatre.*

caucus Sitzung eines Parteigremiums, auf der Entscheidungen abgesprochen und insbesondere Wahlen vorbereitet werden. Das Wort ist indianischen Ursprungs.

CEO *(chief executive officer)* Generaldirektor.

charley horse Muskelkrampf am Bein.

cheapskate Geizhals. → *skinflint.*

check Das Wort hat im amerikanischen Englisch einige zusätzliche Bedeutungen: Rechnung, Garderobenmarke, Gepäckschein, aber auch Bankscheck. *Hand in one's checks* ist ein Euphemismus für sterben. → *rain check.*

check-out counter Kasse im Supermarkt.

cheerleader Anführer, Aufputscher für den Beifall bei schulischen und Sportveranstaltungen.

chew the fat / rag (miteinander) plaudern.

Chicanos aus Mexiko stammende Amerikaner. → *Hispanics.*

chicken feed kleine (Geld-)Summe, »ein paar Groschen«. *no chicken feed*, kein Pappenstiel.

chicken out »kneifen«. Hühner müssen auch für andere Ausdrücke herhalten, wenn es um Angst geht: *chicken-hearted, chicken-livered.* Der Knopf, mit dem sich der Pilot in Gefahr herauskatapultiert, heißt im Militärjargon *chicken button.*

with a chip on one's shoulder reizbar, auf aggressive Weise überempfindlich.

CIA *(Central Intelligence Agency)* Geheimdienst der Vereinigten Staaten.

cinch eine sichere Sache; ein »Kinderspiel«. Das Wort ist aus dem mexikanischen Spanisch mit der ursprünglichen Bedeutung »Sattelgurt« entlehnt. → *duck soup,* → *easy as pie,* → *pushover.*

Civil Rights movement Bürgerrechtsbewegung, die in den fünfziger Jahren entstand und vollständige politische, wirtschaftliche und soziale Gleichberechtigung aller Schwarzamerikaner forderte. Die Bewegung ist mit Organisationen wie *CORE (Congress of Racial Equality), SCLC (Southern Christian Leadership Conference)* und *SNCC (Student Nonviolent Co-ordinating Committee)* und mit Namen wie Martin Luther King, Stokely Carmichael und Eldridge Cleaver verbunden.

civil service öffentlicher Dienst, Beamtentum. Dazu gehören in den Vereinigten Staaten z. B. nicht die Soldaten und Lehrer. Im Gegensatz zu europäischen Ländern bewahrt der Civil Service in den USA eine Tradition des *»lateral entry«*, d. h. des Einstiegs auch in einem späteren Lebensalter und des Wechsels mit privatwirtschaftlicher Tätigkeit.

Civil War (auch: **War between the States**) Sezessionskrieg (1861–1865) zwischen den Nordstaaten und den Südstaaten (→ *Confederacy*). Zu den Ursachen gehörten vor allem das starke wirtschaftliche Nord-Süd-Gefälle, unterschiedliche Ansichten über die Machtbefugnisse der zentralen Bundesregierung und die Aufrechterhaltung der Sklaverei im Süden. Unmittelbarer Anlaß war die Wahl Abraham Lincolns zum Präsidenten und der Austritt einiger Südstaaten aus der Union. Nach anfänglichem militärischem Übergewicht der Südstaaten errangen die Truppen der Nordstaaten ihren ersten großen Sieg bei Gettysburg und weitere Erfolge, die letztlich zur Kapitulation der Südstaaten führten.

clam up sich in Schweigen hüllen; z. B. *When the police asked him for details he just clammed up.*

claptrap aufgeblasenes, theatralisches Geschwätz (*clap* = klatschen, *trap* = Falle).

a classic is something that everybody wants to have read and nobody wants to read Klassiker möchte jeder gelesen haben, aber keiner lesen (Mark Twain).

clerk Büroangestellter; im Gegensatz zum britischen Englisch auch Verkäufer, Portier oder Empfangschef.

clock-watcher jemand, dessen Aufmerksamkeit mehr dem Ende der Arbeitszeit als der Arbeit selbst gilt.

close shave knappes Entkommen.

clown around sich wie ein Clown aufführen, herumblödeln.

CO *commanding officer*, Kommandeur, aber auch conscientious objector, Kriegsdienstverweigerer.

cock-and-bull story Lügengeschichte.

a cold day in hell im übertragenen Sinne: etwas, das kaum vorkommen dürfte.

college umgangssprachlich auf Hochschulen aller Art bezogen. In der Regel kann man jedoch an einem College nur den Grad eines *bachelor,* meistens in seinen beiden Formen *B. A. (Bachelor of Arts)* und *B. S. (Bachelor of Science)* erwerben. *Universities* haben zusätzlich *graduate schools,* die zum *master's degree (M. A.* oder *M. S.*) und evtl. zum Grad eines *Doctor of Philosophy (Ph. D.)* führen.

College Boards standardisierte Eignungsprüfung für das Studium an Hochschulen, herausgegeben durch das *College Entrance Examination Board.*

Bekannt sind z. B. der *Scholastic Aptitude Test (SAT)* und das *American College Testing Program Assessment (ACT).*

Columbus Day (auch: *Discoverers' Day, Pioneers' Day*) Feiertag zu Ehren des »Entdeckers« Amerikas am zweiten Montag im Oktober, wird in New York mit Paraden gefeiert.

come hell or high water komme, was da wolle.

come-hither look einladender Blick.

come on like gangbusters eine Sache mit großem Einsatz betreiben. Aus einer Radioserie der dreißiger und vierziger Jahre, die mit Sirenen, quietschenden Reifen und Schüssen begann, und in der dann der folgende Sprechtext volltönend erklang, der in späteren Polizeiserien immer wieder imitiert wurde: *Gangbusters! With the co-operation of leading law enforcement officials of the United States, Gangbusters presents facts in the relentless war of the police on the underworld . . .*

come out second best Euphemismus für verlieren.

comeuppance verdiente Strafe.

commencement Abschlußfeier an Schule, College oder Universität mit Verleihung akademischer Grade und Preise. Wörtlich: Beginn (d. h. eines neuen Lebensabschnitts).

Confederacy Bund der Südstaaten, die 1860/61 von den Vereinigten Staaten abfielen und im Sezessionskrieg *(→ Civil War, War between the States)* gegen die in der → *Union* verbliebenen Nordstaaten kämpften.

conformity is the jailer of freedom and the enemy of growth Anpassung ist der Kerkermeister der Freiheit und der Feind des Wachstums (John F. Kennedy, 1961).

congressman Das Wort bezieht sich auf die Mitglieder des Repräsentantenhauses, obwohl auch der Senat ein Teil des Kongresses ist.

con man = *confidence man;* jemand, der sich in das Vertrauen anderer einschleicht; ein Ganove, Hochstapler.

conscience is the inner voice that warns us that someone might be looking. Das Gewissen ist die innere Stimme, die uns sagt, daß uns jemand beobachten könnte (H. L. Mencken, 1880–1956).

cook someone's goose jemanden fertigmachen. Oft passiv: *our goose is cooked* = wir sind verloren.

cookies Kekse, die in England *biscuits* heißen. Dagegen sind amerikanische *biscuits* ein weiches Teegebäck, das wiederum den englischen *scones* entspricht.

cool it! reg dich ab! Mal sachte!

coon von *raccoon*, Waschbär. Auf Schwarze bezogen ein äußerst beleidigendes Schimpfwort.

cop, copper Slangausdrücke für Polizist. Von dem Dialektwort *to cop,* lat. capere, für *to catch;* andere volksetymologische Deutungen, die Akronymbildung von *constable on patrol* oder *copper buttons* sind weniger wahrscheinlich.

copycat Nachahmer.

corn das amerikanische Wort für Mais hat häufig Anlaß zu Mißverständnissen gegeben. Dabei ist bemerkenswert, daß die frühen Siedler auch die Bezeichnung *maize* (aus einer kubanischen Eingeborenensprache), *Indian maize* neben *Indian corn* verwendeten. Häufige Wortzusammensetzungen sind *corn meal* (Maismehl) *und corn pone* (Maisbrot in den Südstaaten).

corsage kleines Ansteckbouquet für feierliche Anlässe.

cotton-picking wörtlich: baumwollpflückend. Im Sinne von »verdammt« in Ausrufen verwendet, wie *Take your cotton-pickin' hands off me*. Wegen des Bezugs auf Schwarze beleidigend.

cotton to someone/something sich mit jemandem (oder einer Sache) anfreunden. Die Wendung erinnert an Baumwollfusseln, die sich an der Kleidung festsetzen.

couch potato Fernsehglotzer.

countdown das Wort, das heute bei Startvorbereitungen aller Art verwendet wird, entstand während der Atomversuche auf dem Bikini-Atoll und in Nevada und wurde später bei Weltraumstarts bekannt.

don't count your chickens before they're hatched du sollst den Tag nicht vor dem Abend loben. Freu dich nicht zu früh! Wörtlich: zähle deine Küken nicht, bevor sie ausgebrütet sind.

cover the waterfront lang und breit über etwas reden, etwas vollständig besprechen.

cowboy gelegentlich als Slangwort in der Bedeutung: rücksichtsloser Fahrer (oder Pilot).

cowcatcher Schienenräumer an einer Lokomotive.

cracker kleiner Bauer oder verarmter Weißer in den Südstaaten, wahrscheinlich nach dem Knallen seiner Peitsche so benannt.

crackpot Spinner, Verrückter, Exzentriker.

cranberry Preiselbeere, auch Kranbeere (gern von

Kranichen gefressen). Truthahn mit Preiselbeerkompott *(turkey with cranberry sauce)* ist ein traditionelles Erntedankfestessen *(Thanksgiving dinner)*.

crap Kot. Das Wort wird figurativ verhältnismäßig großzügig verwendet, z. B. *I never heard so much crap*.

crash the gate/party uneingeladen zu einer Party oder ohne Karte zu einer Veranstaltung gehen.

-crazy verrückt nach . . ., z. B. *speed-crazy, girl-crazy.*

creep unangenehme Person, »Fiesling«. Die Vorstellung, die dem Wort zugrunde liegt, ist *make one's flesh creep,* eine Gänsehaut bekommen.

crib abschreiben, »pfuschen«; auch: Spickzettel (ein *crib course* ist ein leichter Kurs).

cross a bridge before one comes to it sich verfrühte Gedanken um etwas machen; sich um »ungelegte Eier« kümmern.

crosspatch »Brummbär«, »Kratzbürste« (*cross* = mürrisch, *patch* von ital. *pazzo,* Verrückter).

crummy / crumby »lausig«, ursprünglich auch im wörtlichen Sinne von »verlaust«. *crumb* (= Krume) wird in ähnlichem Sinne verwendet in *a crumb*, ein »Blödmann«.

cry over spilt milk wörtlich: über vergossene Milch weinen. Meist in der Wendung: *it's no use crying over spilt milk,* geschehen ist geschehen.

cup of tea nach jemandes Geschmack. Oft negativ: *cleaning house is not my cup of tea* = ich putze nicht gern. → *up one's alley.*

curtain raiser Vorspiel (auch im übertragenen Sinne).

cut no ice nichts bewirken. *that cuts no ice with me,* das zieht bei mir nicht.

cut-offs abgeschnittene, ausgefranste Jeans.

cut the mustard etwas zu sagen haben, oder (in verneinter Form) die in einen gesetzten Erwartungen nicht erfüllen; auch unpersönlich: *that just doesn't cut the mustard,* das reicht einfach nicht aus. Die Herkunft der Floskel ist ungeklärt.

cut to the bone auf ein Minimum reduziert.

D

dark horse (candidate) »unbeschriebenes Blatt«, Außenseiter, »Seiteneinsteiger« in der Politik.

darn (dern, darn it) Euphemismen von *damn.*

date neben der Grundbedeutung Datum auch Verabredung, ausgehen mit; in Wendungen wie: *He has a movie date with her tonigth. She is his date at the party. She's been dating him for months.*

daylight saving time Sommerzeit (Ende April bis Ende Oktober). → Standard time.

D. C. *District of Columbia.* Verwaltungsbereich, der heute dem Stadtgebiet von Washington entspricht. Er untersteht unmittelbar dem Kongreß.

deadbeat Schnorrer, Gammler.

deadpan jemand mit ausdruckslosem Gesicht. Paradebeispiel ist Buster Keaton. → *poker face.*

Dear-John letter eine im Zweiten Weltkrieg entstandene Bezeichnung für einen von einer Frau geschriebenen Abschiedsbrief an den Freund oder Verlobten an der Front.

debunk ein (historisches) Ereignis seines Glanzes entkleiden, etwas versachlichen, entzaubern.

deejay, DJ disc jockey.

deli Kurzform für *delicatessen,* Feinkostgeschäft.

Democratic donkey, Republican elephant Esel und Elefant sind die Symboltiere der Demokratischen und der Republikanischen Partei.

the Depression / the Great Depression die fast zehn Jahre dauernde Wirtschaftskrise, die mit Panikverkäufen an der New Yorker Börse im Oktober 1929 begann.

a diamond is forever ursprünglich Werbeslogan, mit dem der Verkauf diamantenbesetzter Verlobungsringe gefördert werden sollte. In der Variante *Diamonds are Forever* Titel eines James-Bond-Romans (1956, Verfilmung 1971).

a dime a dozen spottbillig, Dutzendware; *a dime* ist ein Zehncentstück.

diploma Das Wort wird bereits auf das Abschlußzeugnis der *high school,* der amerikanischen Oberschule, bezogen.

dirty trick eine Gemeinheit, ein böser Streich.

the disadvantaged die (in bezug auf ihre Ausbildung und ihre materielle Situation) Benachteiligten. Wie flexibel die Terminologie der Armut ist, zeigt eine Karikatur von Jules Feiffer, der eine seiner Figuren sagen läßt: *I used to think I was poor. Then they told me I wasn't poor, I was needy. They told me it was self-defeating to think of myself as needy, I was deprived. Then they told me underprivileged was overused. I was disadvantaged. I still don't have a dime. But I have a great vocabulary* (zitiert nach *SAFIRE's Political Dictionary*).

Dixie (Dixieland) Bezeichnung für die Südstaaten, aber auch für die Variante des New-Orleans-Jazz, die gegen Ende des 19. Jahrhunderts populär wurde.

doggy bag Tüte, in der Restaurantbesucher Essensreste mit nach Hause nehmen können.

do-gooder oft verächtlich oder ironisch gemeint: ein Weltverbesserer, ein »Wohltäter der Menschheit«.

Domino Theory politische Rechtfertigung des Vietnamkriegs. Die Theorie besagt, daß, wenn man ein Land dem Kommunismus überließe, auch Nachbarländer »umfallen« würden, *like a stack of dominos,* wie eine Reihe Dominosteine.

dope Rauschgift, Aufputschmittel, »Stoff«.

dormitory Studentenwohnheim.

double-cross someone ein falsches Spiel treiben, jemanden »anschmieren«.

double-feature Programm mit zwei Filmen in einer Vorstellung.

doughnut/donut ringförmiges Krapfengebäck, ohne Füllung.

down at the heels ärmlich, abgerissen. Wörtlich: mit schiefen Absätzen.

Down East Nordostküste der USA, besonders die Küste von Maine.

down in the dumps deprimiert, »down«. (*to dump* = fallenlassen).

down the drain »futsch«, »im Eimer« (*drain* = Abflußrohr).

downtown im Geschäftsviertel, in der City gelegen. *to go downtown* = in die Innenstadt fahren. Gegenteil: *uptown,* in den Wohnvierteln.

draftee Wehrpflichtiger, Eingezogener. Die allgemeine Wehrpflicht wurde in Amerika im Bürgerkrieg eingeführt. Sie besteht heute nicht mehr.

draw the line die Grenze ziehen. Eine typische Wendung ist: *we have to draw the line somewhere,* irgendwo muß Schluß sein.

dressed to kill »aufgedonnert«, »aufgetakelt« (Filmtitel, 1980).

drop dead! »geh zum Teufel!«, »hau' ab!« Nicht ganz so rüde ist: *get lost!*

dropout Jugendlicher mit abgebrochener Schulbildung; »Aussteiger« aus der Gesellschaft.

drugstore Apotheke, Kaufladen, Buchgeschäft, Imbißstube – alles in einem. Die echt amerikanische Institution ist seit den sechziger Jahren angesichts der Einkaufszentren *(malls)* und Imbißketten im Schwinden begriffen.

dry run Probelauf (auch: *test run, trial run*).

duck soup jemand oder etwas, mit dem man leicht fertig wird. → *easy as pie,* → *a cinch,* → *pushover.*

dude ranch Viehfarm, die für Feriengäste eingerichtet ist, mit Reitschule (*dude* = Stadtmensch).

Dutch In der Umgangssprache ist nicht immer klar – und meist belanglos – ob sich das Wort auf Niederländer oder Deutsche bezieht. Häufige Ausdrücke sind *Dutch courage*, mit Alkohol gestärkter Mut, *Dutch treat,* Essen auf getrennte Rechnung (dazu auch: *to go Dutch*), oder *to be in Dutch with someone,* bei jemanden »unten durch« sein.

d. w. i. *(driving while intoxicated)* Trunkenheit am Steuer.

dyed in the wool in der Wolle gefärbt, eingefleischt.

dynamite im übertragenen Sinne: eine tolle Person; eine brisante Angelegenheit, »Zündstoff«.

E

eager beaver fleißiger, geschickter Mensch; Übereifriger.

easy as pie kinderleicht, ein Kinderspiel. Ähnliche Bedeutung haben Ausdrücke wie *dead easy,* → *a cinch,* → *duck soup* und → *pushover.*

eat crow / eat humble pie gezwungen sein, etwas Erniedrigendes zu tun; »klein beigeben«, »zu Kreuze kriechen«. *Humble* ist eine Verballhornung des (veralteten) Wortes *umbles,* Innereien.

eat high on the hog auf großem Fuß, in Saus und Braus leben. Wer früher viel Geld hatte, konnte es sich leisten, die besseren Fleischstücke vom vorderen Teil des Schweins *(hog)* zu essen.

ecofreak Slangwort für Anhänger eines ökologischen Lebensstils.

education is what survives when what has been learnt has been forgotten Erziehung (bzw. Bildung) ist das, was übrig bleibt, wenn man alles Gelernte wieder vergessen hat (B. F. Skinner, amerikanischer Psychologe).

egghead Intellektueller, »Eierkopf«.

ego trip Aktion zur Stärkung des Selbstwertgefühls.

elbow grease Kraftanstrengung.

Electoral College Wahlmännergremium für die Präsidentenwahl. Die Mitglieder, *electors,* werden in den Bundesstaaten bei den Präsidentschaftswahlen vom Volk gewählt. Aufgestellt werden sie von den politischen Parteien, für deren jeweilige Präsidentschaftskandidaten sie ihre Stimme abgeben.

eleventh hour fünf Minuten vor zwölf, in letzter Minute. Die weitergehende Bedeutung, die der elften Stunde im biblischen Gleichnis von den Arbeitern im Weinberg zukommt, ist in dieser Wendung verlorengegangen.

emcee die Abkürzung M. C. *(Master of Ceremonies)* bezieht sich auf den Moderator, Ansager, Conferencier. Auch in der verbalen Fügung *he emceed the show.*

Emily Post says ... Emily Post wurde mit ihrem Buch *Etiquette* (1922) sprichwörtlich, wie etwa der »Knigge«. Heute beruft man sich auch auf die fiktive Anstandsdame *Miss Manners*.

empty-nesters Eltern, deren Kinder flügge geworden sind.

eraser Radiergummi; *rubber* bedeutet im amerikanischen Englisch Kondom.

ethnics (ethnic groups) Amerikaner, die sich durch ihre Abstammung einer bestimmten Volksgruppe, z. B. *Polish-American, Italian-American,* zugehörig fühlen.

every dog has his day jeder hat einmal Glück.

everything you always wanted to know about sex but were afraid to ask Titel eines Buches des Arztes David Reuben aus dem Jahre 1970, zwei Jahre später von Woody Allen als Filmtitel übernommen. Die Wendung wurde in der Folgezeit in Werbesprüchen immer wieder aufgegriffen, wobei das Wort *sex* nach Belieben ausgewechselt werden konnte.

every Tom, Dick und Harry Hinz und Kunz.

eyeball to eyeball Auge in Auge. Siehe dagegen *see eye to eye.*

F

face the music sich der Kritik stellen müssen, »die Suppe auslöffeln«. Wahrscheinlich aus der Bühnensprache.

facts of life die Tatsachen des Lebens (wie sie bei der Aufklärung von Kindern dargestellt werden). → *the birds and the bees.*

faculty In den Vereinigten Staaten bezieht sich der Begriff auf den gesamten Lehrkörper eines College oder einer Universität.

fag im amerikanischen Englisch meist ein Homosexueller (Kurzform von *faggot*), im britischen Englisch dagegen »Glimmstengel« und – im Public-School-Jargon – ein jüngerer Schüler, der einem älteren als Diener zugeordnet ist. → *gay* → *queer.*

fair and square offen und ehrlich.

fairhaired boy (auch: *blue-eyed boy, whitehaired boy*) der Liebling (der Familie, des Chefs usw.).

fallout Nebenprodukt, Auswirkung. *radioactive fallout* ist radioaktiver Niederschlag.

Fannie Farmer inoffizielle Bezeichnung für das *Boston Cooking School Cook Book* von Fannie Farmer (1875–1915), der berühmtesten amerikanischen Köchin, Begründerin einer präzisen Kochbuchterminologie.

fast lane/fast track Überholspur; im übertragenen Sinne: der schnelle Weg zum Erfolg.

fat cat eine wohlhabende Person.

the fat is in the fire jetzt ist der Teufel los.

favorite son Kandidat für ein Regierungsamt, der von der Delegation seiner Region unterstützt wird.

FBI *(Federal Bureau of Investigation)* amerikanisches Bundeskriminalamt, dem Justizministerium unterstellt.

feather one's nest sein Schäfchen ins Trockene bringen. Wörtlich: sein Nest mit Federn auslegen.

feedback Rückmeldung, Reaktion.

feed someone a line jemanden reinlegen.

feel/look like a million dollars sich toll fühlen/wunderbar aussehen.

feel something in one's bones etwas ahnen.

fender-bender Blechschaden. *Fender* ist im amerikanischen Englisch der Kotflügel am Auto.

ferris wheel Riesenrad, nach dem Ingenieur benannt, der das Riesenrad für die Weltausstellung in Chicago 1893 konstruierte.

field a question eine Frage angemessen beantworten. *to field* im Baseball: einen Ball geschickt fangen und zielsicher zurückwerfen.

fifth column Fünfte Kolonne. Subversive Tätigkeit im Interesse einer auswärtigen Macht. Das Schlagwort stammt aus dem spanischen Bürgerkrieg und wurde durch Ernest Hemingway bekannt.

fifty million Frenchmen can't be wrong mit diesem Ausspruch rechtfertigten Amerikaner ihre Unterstützung Frankreichs im Ersten Weltkrieg. Später Titel eines Musicals von Cole Porter und anderweitig oft humoristisch abgewandelt, wie bei George Bernard Shaw: *Fifty million Frenchmen can't be right.*

filibuster Verzögerungstaktik bei der Verabschiedung von Gesetzen durch lange Reden und Geschäftsordnungstricks (von niederländisch *vrijbuiter,* Freibeuter). Auch als Verb verwendet.

fill the bill den Ansprüchen genügen.

filthy rich steinreich, stinkreich (filthy = dreckig).

finders keepers wer es findet, der darf es behalten. Kinderspruch, der manchmal erweitert wird: *losers weepers,* . . . wer es verloren hat, muß weinen.

a fine (pretty, nice) kettle of fish eine schöne Bescherung.

fink Spitzel; Streikbrecher. Das Slangwort soll von einem Eigennamen abgeleitet sein.

fishy faul, verdächtig.

fit to a T haargenau passen. Das technische Gerät, auf das sich der Ausdruck bezieht, heißt *T-square,* Reißschiene oder Anschlagwinkel. Auch in: *that suits me to a T.*

five-and-ten (five-and-dime) billiges Kaufhaus. Auch: *dime store.* Ursprünglich Laden, in dem alle Artikel fünf oder zehn Cents kosteten, wie z. B. Woolworth.

fivc-o'clock shadow Bartstoppeln, die am späten Nachmittag sichtbar werden. Nixons *five-o-clock shadow* soll zu seinem schlechten Eindruck auf die Zuschauer in Fernsehdebatten mit Kennedy beigetragen haben.

a fix das Wort kann in negativem Sinne Schiebung, Manipulation, abgekarterte Sache bedeuten und wird in diesem Sinne auch als Verb verwendet: *to fix a game.*

fix someone's wagon jemanden fertigmachen, es jemandem heimzahlen.

flabbergasted sprachlos vor Staunen, »platt« (*flabby* = schwach, *aghast* = entgeistert).

flak »Beschuß«, heftige Kritik. Aus dem Deutschen: Akronym für Flugabwehrkanone.

flapper burschikoser Frauentyp der → *Roaring 20s,* rauchend, trinkend, tanzend, flirtend.

flash in the pan »Strohfeuer«. Der Ausdruck bezieht sich auf den Blitz auf der Zündpfanne einer alten Feuerwaffe, ohne daß ein Schuß losgeht.

flat broke völlig pleite; »abgebrannt«.

flex one's muscles seine Muskeln spielen lassen, das auch im übertragenen Sinne.

floor u. a. Stockwerk, Geschoß *(First floor* = Parterre, Erdgeschoß, brit. Engl.: *ground floor. Second floor* = 1. Stock, 1. Obergeschoß, brit. Engl: *first floor).*

flower child Mitglied der Hippiebewegung der sechziger und siebziger Jahre. Aus dieser Zeit auch die Wörter *flower people* und *flower power.*

flunk (in einer Prüfung) durchfallen, »durchrasseln«. *Flunk somebody,* jemanden durchfallen lassen.

fly by the seat of one's pants improvisieren, nach Instinkt arbeiten; ursprünglich von einem Piloten, der sein Flugzeug nach Gefühl und nicht nach Instrumenten steuert.

fly in the ointment das Haar in der Suppe. Wörtlich: die Fliege in der Salbe.

fly off the handle »hochgehen«, einen Wutanfall bekommen. Zugrunde liegt das Bild des Hammerkopfes, der sich bei einem heftigen Schlag vom Stiel löst. → *blow one's top,* → *hit the ceiling.*

Foggy Bottom so wird das amerikanische Außenministerium genannt, weil es in einem ehemaligen Sumpfgelände liegt. → *State Department.*

folks in Wendungen wie *your folks* bezieht sich das Wort auf enge Verwandte, in der Anrede *(Listen, folks . . .)* bedeutet es Leute.

fool around Der Ausdruck hat eine breite Bedeutung von herumspielen, herumprobieren, herumalbern, herumgammeln bis zu Dummheiten machen. Ähnlich auch: *goof around.*

foot-in-mouth-disease scherzhafte Wendung, die die Neigung zu sprachlichen Entgleisungen bezeichnet. Zusammengesetzt aus *hoof-and-mouth disease,* Maul- und Klauenseuche, und *put one's foot in one's mouth,* »ins Fettnäpfchen treten«.

for a song »für 'n Appel und 'n Ei«.

for good measure obendrein, als Zugabe. *»Let's put one more egg into the omelet, for good measure«.*

for the birds »für die Katz«, wertlos.

forty-niner Goldsucher, der 1849, im Jahr des *gold rush,* nach Kalifornien ging. *». . . dwelt a miner, forty-niner, and his daughter Clementine«,* heißt es in dem bekannten Lied.

Fourth of July → *Independence Day.*

frame someone (up) intrigieren; einen Unschuldigen hereinlegen. Entsprechend heißt *frame-up* Komplott, Intrige.

fraternity/sorority Studentenverbindung/Studentinnenvereinigung.

freeze Stopp; in Ausdrücken wie *price freeze, pay freeze, nuclear freeze* (*to freeze* = einfrieren).

French and Indian War 1754–63, britisch-französischer Krieg in Amerika und auf dem Seeweg dorthin, der parallel zum Siebenjährigen Krieg in Europa geführt wurde. Nach dem britischen Sieg über die Franzosen und die mit ihnen verbündeten Indianer verlor Frankeich seine territorialen Ansprüche in Kanada.

French fried potatoes/French fries Pommes frites. In England heißen sie *chips.* Die Kartoffelchips nach deutschem (und amerikanischem) Verständnis heißen im britischen Englisch *crisps.*

fresh wörtlich: frisch; aber häufig in Anlehnung an das deutsche »frech« im Sinne von zudringlich oder »pampig« verwendet: *Don't get fresh with me.*

freshman, sophomore, junior, senior Schuljahre bzw. Jahrgänge in *high schools* und *colleges.*

Freudian slip Freudscher Versprecher. In allgemeinerer Form: *slip of the tongue* (nach Sigmund Freud, 1856–1939).

from rags to riches vom Tellerwäscher zum Millionär; wörtlich: von Lumpen zu Reichtümern.

frontier Der Begriff ist mit der amerikanischen Siedlungsgeschichte und insbesondere mit der bereits vor 1800 einsetzenden Westwanderung *(westward movement)* verbunden. Er bezieht sich nicht nur geographisch auf die jeweilige Westgrenze und das Grenzgebiet, sondern wird auch im Zusammenhang mit politischen und sozialen Ideen gebraucht, wie Pioniergeist, Stärkung des demokratischen Denkens, Pragmatismus, Mobilität, Chancengleichheit und gleichzeitiger individueller Entfaltung. Der Historiker Frederick Jackson Turner behauptete am Ende des 19. Jahrhunderts, die *frontier* sei ein grundsätzliches Phänomen, aus dem heraus sich die gesamte Entwicklung der amerikanischen Gesellschaft in Vergangenheit und Gegenwart erklären ließe. Ihren dichterischen Ausdruck findet die *frontier* z. B. in den Versen Walt Whitmans, der in *Pioneers, o pioneers* das *westward movement* als Heraustreten aus der Vergangenheit in eine *»newer, mightier world«* deutet. → *American Dream*.

fuddy-duddy alter Trottel.

full of beans »aufgekratzt«; unternehmungslustig.

fundamentalism gegen Ende des 19. Jahrhunderts entstandene religiöse Bewegung innerhalb des amerikanischen Protestantismus, die das Bibelverständnis in wörtlichem Sinne wiederherstellen wollte.

funnies Comics, Witzseite.

G

gadget (raffinierte) Vorrichtung, technische Spielerei. Ein *gadgeteer* ist ein Liebhaber technischer Neuerungen. → *gimmick.*

gas Kurzform von *gasoline* (im britischen Englisch: *petrol*). Daher auch *to step on the gas,* Gas geben; *gas station,* Tankstelle.

gay homosexuell, Homosexueller. Das Wort wird auch von Homosexuellen anderen gleichbedeutenden Wörtern vorgezogen. In seiner ursprünglichen Bedeutung, »fröhlich«, kann das Wort kaum noch verwendet werden, außer in festen Wendungen wie *the Gay Nineties,* die neunziger Jahre des letzten Jahrhunderts. → *fag,* → *queer.*

gerrymander Änderung der Grenzen zwischen Wahlbezirken mit der Absicht, sich so einen Wahlvorteil zu verschaffen. Elbridge Gerry (1744–1814) versuchte, mit einer solchen Manipulation 1812 eine Gouverneurswahl *(gubernatorial election)* in Massachusetts zu entscheiden. Die Wahlbezirke erschienen einfallsreichen Kritikern wie ein Salamander, und sie prägten das Schachtelwort, das sich in der Politik in englischsprachigen Ländern verbreitete.

get a kick out of something an einer Sache Spaß haben.

get away with murder sich alles erlauben können.

get a word in edgewise/edgeways zu Wort kommen. Meistens in der Formulierung: *I couldn't get a word in edgewise.* Ich kam nicht zu Wort *(edgewise/edgeways* = seitlich; hochkant).

get down to brass tacks zur Sache kommmen.
get in on the ground floor von Anfang an dabeisein.
get off someone's back jemanden in Ruhe lassen.
get off the ground zustande kommen. Meist negativ: . . . *never got off the ground.*
get set sich bereithalten. Auch im Startkommando: *On your mark – get set – go!*
get someone's goat jemanden verärgern.
get the ball rolling eine Sache ins Rollen bringen.
get the hang of something den Dreh rauskriegen.
get the jump on someone jemandem zuvorkommen.
get the message etwas verstehen, kapieren. In Formulierungen wie: *What more can I say? You simply don't get the message.* Du kapierst einfach nicht.
get the show on the road eine Sache in Gang bringen.
get to first base einen vielversprechenden Anfang machen (Baseballsprache). Meistens jedoch in negativen Formulierungen: *he couldn't get to first base on his new job.*
get up on the wrong side of bed mit dem verkehrten Fuß aufstehen.
ghetto in den USA hat das Wort die in Europa noch übliche Assoziation mit dem Judentum weitgehend verloren. Es wird auf verarmte Wohnviertel von Schwarzen oder → *Hispanics* bezogen.
GI (*government issue,* Staatseigentum). Die Abkürzung bürgerte sich im Zweiten Weltkrieg als Bezeichnung für amerikanische Soldaten ein.
Gideon Bible in amerikanischen Hotelzimmern von der *Gideon Society* (von Handlungsreisenden gegründete christliche Gesellschaft) ausgelegte Bibeln.

gimmick wirksamer Reklametrick, »Masche«. Das Wort wird wie → *gadget* auch für raffinierte technische Vorrichtungen verwendet.

girl Friday »rechte Hand« des Chefs, in Anlehnung an *man Friday* in *Robinson Crusoe*. Der Ausdruck wird heute als sexistisch kritisiert.

gismo »das Dingsda«. → *thingamajig*.

give someone a piece of one's mind jemandem gründlich die Meinung sagen.

give someone a snow job jemandem imponieren wollen; sich vor jemandem aufspielen.

give someone his/her walking papers/running shoes/the ax/the boot/the pink slip. Alle bedeuten: jemanden entlassen.

give someone the once-over jemanden von oben bis unten mustern; jemanden mit einem Blick abschätzen.

give someone the slip jemandem entwischen.

glad hand/give someone the glad hand überschwenglich begrüßen; in Formulierungen wie *»The President glad-handed his way through Egypt . . .«*

glitch Ausrutscher, Schönheitsfehler, kleiner Defekt. Auch als Adjektiv: *glitchy* (aus dem Jiddischen und Deutschen).

go at it hammer and tongs sich streiten; rangehen, daß die Fetzen fliegen. Wörtlich: mit Hammer und Zange rangehen.

gobbledygook Kauderwelsch, schwülstige Amtssprache. Wortprägung des texanischen Kongreßabgeordneten Maury Maverick aus der Zeit des Zweiten Weltkriegs.

godfather Pate; daneben auch im Sinne von »höchste Autorität«.

go fly a kite Hau' ab! Zieh' Leine! Oft verwendet, um einen unerwünschten Ratgeber abzuwimmeln (*kite* = Papierdrachen).

go-getter Draufgänger, Ehrgeizling.

good for you! prima! fein gemacht! (nicht: das ist gut für dich).

go haywire bei Sachen: durcheinander geraten; »verrückt spielen«; bei Personen: durchdrehen, überschnappen. Der Ursprung dieses Ausdrucks ist nicht ganz geklärt, es liegt jedoch die Vorstellung von »verhaspeltem« Draht beim Bündeln von Heu nahe.

go into a huddle sich zusammensetzen, die Köpfe zusammenstecken (um Rat zu halten). Aus dem amerikanischen Fußball, bei dem die Spieler im Kreis die Strategie für den nächsten Spielzug beraten.

golden handshake/golden parachute Mit dem goldenen Händedruck oder dem goldenen Fallschirm wird das vorzeitige Ausscheiden aus dem Beruf oder aus einer hohen Position erleichtert.

golden opportunity entspricht der deutschen Floskel (Land der) unbegrenzten Möglichkeiten. → *American Dream.*

Good evening Mr. and Mrs. North America and all the ships at sea. Let's go to press. So begann eine Nachrichtensendung mit dem Star-Sprecher Walter Winchell, die in den Jahren nach dem Zweiten Weltkrieg höchste Einschaltquoten im Rundfunk erzielte und später auf das Fernsehen übertragen wurde.

good sport ein anständiger Kerl, kein Spielverderber.

goose bumps/goose flesh Gänsehaut.

goof aus dem englischen Dialektwort für Dummkopf haben sich im amerikanischen Englisch weitere Bedeutungen wie »Patzer« und »etwas vermasseln« gebildet: *to goof around/off* heißt herumgammeln, *goofy* heißt »doof«.

go off half-cocked unerwartet oder unvorbereitet reden oder handeln (bildlich ein Schuß, der losgeht, weil die Waffe schlecht gesichert ist).

gook beleidigendes Schimpfwort für Asiaten; ursprünglich Militärjargon im Zweiten Weltkrieg.

go over like a lead balloon nicht ankommen; z. B. *His jokes go over like a lead balloon,* . . . wie ein Ballon aus Blei.

G.O.P. *(»Grand Old Party«)* die republikanische Partei.

gopher/gofer Laufbursche; jemand, der zu hören bekommt: *Hey, go for some pizza!;* in der Schreibweise *gopher* auch Bezeichnung für die nord- und mittelamerikanische Taschenratte.

go places es im Leben weit bringen, z. B. in Formulierungen wie *that boy will go places.*

go steady einen festen Freund/eine feste Freundin haben.

go to bat for someone für jemanden einspringen/eintreten (Baseballsprache). → *pinch-hit for someone.*

go to pot vor die Hunde gehen.

government, even in its best state, is but a necessary evil; in its worst state, an intolerable one. Die Regierung ist – im besten Fall – ein notwendiges Übel, im schlimmsten Fall ein unerträgliches. Thomas Paine (1737–1809) äußerte diese Meinung in seinem Buch: *Common Sense.*

go West, young man, and grow up with the country. Geh in den Westen, junger Mann, und wachse mit dem Land. Horace Greeley (1811–1872), Verleger und Politiker, in: *Hints towards Reform.* → *American Dream,* → *frontier.*

go without a hitch reibungslos, »wie geschmiert«. Wörtlich: ohne Ruck.

go with the flow mit dem Strom schwimmen. Auch: *swim with the tide.*

grade Das Wort und seine Ableitungen werden in Amerika im Schul- und Hochschulbereich vielseitig verwendet. Als Substantiv kann *grade* Schuljahr und Jahrgang bedeuten *(first, second, . . . twelfth grade),* als Verb heißt es zensieren, benoten; *grade school* ist die Grundschule. *Highschool graduate* ist in etwa Abiturient(in); *undergraduates* sind Collegestudenten, *graduates* Absolventen eines → *college* oder Studenten einer *graduate school* zur Erlangung eines Magister- und Doktorgrades. Mit *graduate* wird auch häufig das besuchte College oder die Universität genannt: *She is a Princeton graduate,* oder: *she graduated from Princeton.*

graft Schmiergelder; Erpressung von Schmiergeldern.

grand ein »Riese«; tausend Dollar.

grand slam ursprünglich aus dem Bridge: alle Stiche bekommen; dann auch sinngemäß in Sportarten wie Baseball, Tennis.

like Grand Central Station wie im Bienenkorb (Grand Central Station ist New Yorks größter Bahnhof).

a grandstand play Spiel vor der Haupttribüne. Im übertragenen Sinne »die große Schau«. Ähnliche Bedeutung: *play to the gallery.*

through the grapevine »aus der Gerüchteküche« (*grapevine* heißt Weinstock). Oft in der Redewendung: *I heard it through the grapevine.*

the grass is always greener on the other side of the fence eine Variante der Kirschen in Nachbars Garten.

grass roots wörtlich: Graswurzeln. Ursprünglich auf die Landbevölkerung bezogen, heute vor allem auf das »Fußvolk« der Partei oder die Basis der politischen Meinungsbildung.

gravy train Gelegenheit, leicht an Geld zu kommen; z. B. auch durch Spesen oder Schmiergelder (*gravy* = Soße).

gray matter »die grauen Zellen«, »Grips«.

greasy spoon billige Kneipe, Imbißstube, wo das Besteck nicht sehr sauber ist (wörtlich: schmieriger Löffel).

the greatest thing since sliced bread daß geschnittenes Brot eine weltbewegende Erfindung war, kam den Konsumenten erst 1981 richtig zu Bewußtsein, als eine Supermarktkette mit den Worten warb: . . . *the greatest thing since sliced bread: unsliced bread.*

great scott! Ausruf des Erstaunens. Eine Theorie zur Entstehung der Floskel ist, daß sie sich aus einem – auch inhaltlich – falsch verstandenen »Grüß Gott« entwickelt hat. Andere glauben, sie beziehe sich auf den berühmten General Winfield Scott (1786–1866).

Great White Father die angeblich von den Indianern benutzte Bezeichnung für den Präsidenten der Vereinigten Staaten ist in Wirklichkeit eine Wortprägung aus Indianerromanen und Wildwestfilmen.

green around the gills grün im Gesicht. Wörtlich: . . . um die Kiemen.

a green thumb »ein grüner Daumen«, gärtnerisches Talent. Im britischen Englisch *green fingers*.

gringo zuerst im → *Mexican War* von Mexikanern verwendeter Spottname für nicht aus romanischen Ländern stammende Ausländer.

I guess so na ja! Ausdruck zögernder Zustimmung. *I guess* vor einem Satz wird im amerikanischen Englisch im Sinne von *I think, I suppose* verwendet.

gung ho begeistert, »voll dabei«; z. B. *the kids are all gung ho about this project.* Das Wort hat im Chinesischen die Bedeutung »zusammenarbeiten«. Es wurde im Zweiten Weltkrieg von amerikanischen Marinesoldaten und später dann von Teenagern übernommen.

guru im übertragenen Sinne: Autorität, geistiger Führer.

guy Mann, Kerl, Bursche. Das Wort, das wie *fellow* verwendet wird, geht auf die Figur des Guy Fawkes zurück, der 1605 das englische Parlament in die Luft sprengen wollte.

H

hacker Computerexperte, Hacker. Die genauere Definition des Wortes verändert sich mit der schnellen Weiterentwicklung des Computerslangs. Im Deutschen wird damit der Experte bezeichnet, der unerlaubt in fremde Datenbanken eindringt, um diese Systeme zu stören oder sich Informationen zu beschaffen.

half-baked unausgegoren, unreif.

Hallowe'en Abend vor Allerheiligen, an dem die Kinder kostümiert von Haus zu Haus gehen und mit dem Spruch *trick or treat* Süßigkeiten einsammeln. Dem, der kein *treat* gibt, wird ein Streich gespielt.

handball Spiel, bei dem ein Gummiball gegen die Wand geschlagen wird; nicht dem europäischen Handball entsprechend.

handout das Wort kann sowohl Umdruck (schriftliche Vorlage), als auch Almosen, milde Gabe, Wahlgeschenk bedeuten.

hands-on experience praktische Erfahrung.

hang in there! durchhalten!

hang one on sich sinnlos betrinken.

hangover »Kater«; unangenehme Folge.

-happy in Zusammensetzungen: -freudig, -wütig; z. B. *trigger-happy,* schießwütig.

happy hour »Cocktailstunde« in Bars und Restaurants, meist vor dem Abendessen, in der Getränke verbilligt angeboten werden.

happy hunting grounds die ewigen Jagdgründe, das Paradies in der Vorstellung der Indianer.

a hard act to follow etwas, das kaum zu übertreffen ist; jemand, bei dem es der Nachfolger schwer hat. *Your speech was great! You'll be a hard act to follow.*

hard-and-fast rule feste Regel. Meistens in der Verneinung: *There is no hard-and-fast rule in such a situation.*

hard-nosed zäh; realistisch; gerissen.

a hard row to hoe eine mühselige Arbeit; eine schwierige Situation (von der Vorstellung der schweren Arbeit mit der Hacke beim Jäten).

hassle Streiterei, Krach.

has the cat got your tongue? bist du stumm?

have a bone to pick with someone wörtlich: einen Knochen mit jemandem abnagen; entspricht dem Hühnchen, das man mit jemandem zu rupfen hat.

have a finger in the pie die Hand im Spiel (wörtlich: im Kuchen) haben, »mitmischen«.

have an ax to grind ein eigennütziges Interesse an etwas haben. Benjamin Franklin erzählt von einem Mann, der sich, Interesse und Bewunderung heuchelnd, einen Schleifstein erklären ließ – solange, bis seine eigene Axt daran geschliffen war (aus: Brewer's *Dictionary of Phrase and Fable*).

have a problem licked/whipped/beaten ein Problem lösen, etwas in den Griff bekommen.

the haves and the have-nots die Reichen und die Armen. Auch in Ausdrücken wie *the have-not nations.*

have one's ear to the ground (Augen und) Ohren offenhalten.

have someone over a barrel jemanden in seiner Gewalt haben.

have something at one's fingertips etwas parat haben, »an den Fingern hersagen können«.

have the guts to do something den Mut (oder Mumm) haben, etwas Schwieriges zu tun (*guts* = die Gedärme).

have the inside track auf der Innenbahn laufen – und damit Vorteile gegenüber den Mitbewerbern (im Sport sowie im Leben) haben.

have the world by the tail »ganz obenauf« sein.

have two strikes against one in einer unvorteilhaften Lage sein. Mit drei verfehlten Schlägen *(strikes)* ist der Schlagmann *(batter)* im Baseball »aus«.

hawks and doves die Falken und Tauben. In der Politik Verfechter eines harten Kurses mit militärischem Eingreifen, im Gegensatz zu Verfechtern eines konzilianten Vorgehens.

head and shoulders (above something or somebody) haushoch überlegen.

head-hunting Suche nach qualifizierten Kräften, meistens für hochbezahlte, anspruchsvolle Tätigkeit. Das Wort *head-hunter* wird natürlich auch in der ursprünglichen Bedeutung »Kopfjäger« verwendet.

head-on frontal; z. B. *a head-on collision*, ein Frontalzusammenstoß.

heads or tails? Frage vor dem Hochwerfen einer Münze; *tails* ist Sammelbegriff für alles, was auf der Rückseite abgebildet ist.

a Heinz 57 variety »Köter«, »Promenadenmischung«; ursprünglich ein Werbespruch der Firma Heinz.

hell-bent on something versessen auf etwas, verrückt nach etwas. Der Ausdruck bezieht sich auf jemanden, der »die Hölle« riskiert, um sein Ziel zu erreichen.

hell on wheels »irre!« »toll!« »Wahnsinn!« Von den fahrbaren Spielhöllen und Freudenhäusern, die man Eisenbahnarbeitern in den Westen der USA nachschickte.

hen party Party ausschließlich für Frauen, Damengesellschaft. → *stag party.*

hero sandwich langes Brötchen mit Käse, Schinken, Wurst, Salat, Zwiebeln usw., regional auch *submarine sandwich, hoagie, torpedo.*

highball Getränk mit Alkohol und (Soda-)Wasser, in einem hohen Glas serviert.

highbrow Intellektueller. Der Ausdruck entstand zu Anfang des 20. Jahrhunderts in den USA. Später kamen Ableitungen wie *lowbrow* und sogar *middlebrow* auf.

highlight something ein Schlaglicht auf etwas werfen.

high tech Abkürzung für *high technology,* Hochtechnologie.

hijack (highjack) Entführung eines Flugzeugs, Autobusses, Überfall auf Geldtransport. Herkunft möglicherweise von der Aufforderung *»Stick 'em up high, Jack«,* Hände hoch!

the Hill Capitol Hill, Sitz des Kongresses in Washington; von daher auch auf den Kongreß selbst bezogen. → *Capitol.*

hillbilly Hinterwäldler. Ursprünglich Bergbewohner der südlichen Appalachen.

hippy (hippie) Anhänger der jugendlichen Protestbewegung der sechziger Jahre, Aussteiger. Das Wort hängt wahrscheinlich mit *hip,* empfänglich, eingeweiht, zusammen.

hire and fire einstellen und entlassen. Auch in der Formel *last hired, first fired.*

Hispanics Einwanderer aus lateinamerikanischen Ländern. → *Chicanos.*

hit-and-run Unfall mit Fahrerflucht. Von daher: *hit-and-run driver.*

hit a snag in Schwierigkeiten geraten. Wörtlich: (mit einem Boot) auf einen Baumstumpf auffahren.

hit the ceiling an die Decke gehen, in die Luft gehen. → *blow one's top,* → *fly off the handle.*

hit the fan in der Formulierung: *We are going to have a lot of trouble when the shit hits the fan.* Wir kriegen eine Menge Ärger, wenn die Sache breitgetreten wird (wörtlich: in den Ventilator gerät).

hit the jackpot das große Los ziehen, den Vogel abschießen. *Jackpot* ist ursprünglich ein Begriff aus dem Pokerspiel, der sich später auch auf den Haupttreffer bei → *one-armed bandits* bezog.

. . . hits the spot . . . ist genau das Richtige: *This coke really hits the spot, I'm so thirsty.*

hobo Wanderarbeiter oder Tippelbruder, der Gelegenheitsarbeiten verrichtet und damit fleißiger ist als der → *bum.* Die Herkunft des Wortes ist unbekannt, evtl. von *hoe,* Hacke und *boy.*

hogwash »Quatsch«, leeres Gerede. Wörtlich: Schweinefutter; Spülwasser.

hold a candle to someone jemandem »das Wasser reichen«. Meist in der Negation: *He can't hold a candle to her.*

holdup (bewaffneter) Überfall. Auch: *stickup*.

holidays Feiertage; gesetzliche Feiertage sind *public holidays*. Ferien heißen im amerikanischen Englisch *vacation*. → *Columbus Day*, → *Independence Day*, → *Labor Day*, → *Martin Luther King Day*, → *Memorial Day*, → *Presidents' Day*, → *Thanksgiving Day*.

holy cats, holy cow, holy mackerel, holy Moses, holy smoke euphemistische Interjektionen im Stil von »heiliger Strohsack«.

home-court advantage Heimvorteil.

homely im amerikanischen Englisch nur noch im abwertenden Sinne: hausbacken, unattraktiv.

homemaker neutrale Bezeichnung für das Familienmitglied, das den Haushalt führt.

homestretch Schlußphase; z. B. *We're on the homestretch with this report* (von der Pferderennbahn).

honest Injun/Indian »auf Ehre«. Floskel zur Bestätigung der Wahrheit des Gesagten. Heute nur noch in der Kindersprache; ursprünglich aus dem Palaver zwischen Weißen und Indianern. Ähnlich: *cross my heart and hope to die*.

hook, line and sinker wörtlich: mit Haken, Schnur und Blei. Oft in der Wendung *swallow a story hook, line and sinker,* etwas für bare Münze nehmen, auf eine Geschichte hereinfallen (Anglersprache).

by hook or by crook mit allen Mitteln. Die Wendung bezieht sich auf das alte Gewohnheitsrecht von Bauern, soviel Brennholz sammeln zu dürfen, wie sie mit Sichelmesser *(hook)* oder Hirtenstab *(crook)* erreichen konnten.

horse sense gesunder Menschenverstand, gute Urteilskraft.

hot dog in den Ausdrücken *hot-dog skiing, hot-dog surfing:* akrobatische Ausübung der Sportarten.

hot rod »frisiertes« Auto.

hushpuppy Ölgebäck aus Maismehl (aus den amerikanischen Südstaaten). Der Name soll daher rühren, daß es gelegentlich auch zur Beruhigung kleiner Hunde benutzt worden ist. In Europa wurde das Wort nur als Bezeichnung für eine Schuhsorte bekannt.

hustler Slangwort für Prostituierte.

I

ich bin ein Berliner Es mag interessant sein, sich einmal den Zusammenhang des so bekannt gewordenen Zitats von John F. Kennedy (1963) zu vergegenwärtigen: *Two thousand years ago the proudest boast was »Civis Romanus sum«. Today, in the world of freedom, the proudest boast is »Ich bin ein Berliner«.*

ID (identity card) Ausweis, Kennkarte.

. . . and I don't mean maybe . . . und das meine ich auch! Beispiel: *I want this done right now, and I don't mean maybe!*

if a man make a better mousetrap, the world will make a beaten path to his door Wenn jemand eine bessere Mausefalle baut, wird sich die Welt einen Weg zu seiner Tür bahnen: Ralph Waldo Emerson (1803–1882), Dichter und Philosoph. In dieser Verkürzung bekanntes Zitat.

if it's Tuesday, this must be Belgium sprichwörtlich gewordener Titel eines Films über amerikanische Touristen, die Europa im Schnellverfahren »machen«.

if push comes to shove wenn es zum Außersten kommt.

if you can't stand the heat, get out of the kitchen eines der Lieblingssprichwörter Präsident Trumans: Man sollte sich nicht an Dinge heranwagen, denen man nicht gewachsen ist. Oder: An verantwortungsvoller Stelle muß man Kritik ertragen können.

I have a dream Die Worte Martin Luther Kings sind in seiner berühmten Rede anläßlich der großen Bürgerrechtsdemonstration in Washington 1963 enthalten.

I'll buy that »Das kauf' ich dir ohne weiteres ab«.

I love New York Der 1977 entstandene Werbeslogan mit dem roten Herz anstelle des Wortes *love* wurde später in aller Welt kopiert.

in a fix in der »Klemme«, in der »Patsche«. Auch: *in the soup, up the creek, in a jam, in a pickle, in a tight spot (financially).*

in apple-pie order in tadelloser Ordnung, tipptopp. Volksetymologie nach dem von den normannischen Eroberern nach England gebrachten *nape plié en ordre* (ordentlich gefaltetes Leinen).

inaugural (address) Antrittsrede bzw. Regierungserklärung des Präsidenten der Vereinigten Staaten.

incumbent amtierend. Bei Wahlen häufig zu hören, weil der *incumbent (President, senator, governor etc.)* einen statistischen Wahlvorteil hat.

Independence Day Unabhängigkeitstag. Am 4. Juli wird mit Feuerwerk und Feiern an die Unabhängigkeitserklärung von 1776 erinnert.

Indian file Gänsemarsch; Reihe, in der Indianer auf engen Waldpfaden hintereinander gingen.

Indian giver jemand, der Geschenke zurückverlangt.

Indian summer Altweibersommer, Schönwetterperiode im Spätherbst.

injustice anywhere is a threat to justice everywhere Ungerechtigkeit irgendwo in der Welt gefährdet die Gerechtigkeit überall (Martin Luther King).

inner city häufig Euphemismus für Slums.

in one's mind's eye in der Fantasie, vor dem inneren Auge.

installment plan Teilzahlung. *Buy on the installment plan,* auf Raten kaufen.

instructor College- oder Universitätsdozent.

in sync (synch) synchron, im Einklang. Gegenteil: *out of synch.*

in the bag »in der Tasche«, so gut wie sicher.

in the doghouse in Ungnade.

in the last innings in der Schlußphase (aus dem Baseball oder Cricket).

in the nick of time im richtigen Augenblick, gerade noch rechtzeitig.

in the upshot schließlich, letztlich.

in two shakes of a lamb's tail in kürzester Zeit, nämlich in der Zeit, in der ein Schaf zweimal den Schwanz bewegt.

invent the wheel sich bei Grundsätzlichem und Selbstverständlichem aufhalten. Wörtlich: das Rad (noch einmal) erfinden.

in words of one syllable mit einfachen Worten.

IOU Schuldschein, formale Schuldanerkennung. Kurzform von *I owe you.*

it is our true policy to steer clear of permanent alliance with any portion of the foreign world Es ist unsere Politik, eine dauernde Allianz mit wem auch immer im Ausland zu vermeiden. Außenpolitische Maxime George Washingtons in seiner Abschiedsrede 1796.

it's all Greek to me das sind böhmische Dörfer für mich.

it's all over but the shouting die Sache ist entschieden (es fehlt nur noch der Beifall).

it's no skin off my nose das »juckt« mich nicht.

it will cost you an arm and a leg es wird dich ein Vermögen kosten.

Ivy League Gruppe berühmter Universitäten im Osten der USA, unter ihnen Harvard, Yale und Princeton. Die Bezeichnung spielt auf den Efeubewuchs der Universitätsgebäude an und bezog sich ursprünglich auf die sportlichen Aktivitäten der entsprechenden Hochschulen.

I wasn't born yesterday ich bin nicht von gestern.

J

jalopy »alte Klapperkiste« (Auto). Wahrscheinlich Ableitung von franz. *chaloupe.*

jam session Jazzimprovisation bei einem Treffen von Musikern.

jaywalk bei Rot über die Straße gehen, oder auch abseits von Zebrastreifen und Kreuzungen.

jazz von den Nachfahren der nach Amerika gebrachten Neger aus Spiritual, Blues und afrikanischen Rhythmen entwickelte Musik. Das Wort selbst ist afro-karibischen Ursprungs und bezieht sich ursprünglich auf den Geschlechtsakt. Umgangssprachlich auch: Unsinn, leeres Gerede, wie in der Formulierung *he gave me a lot of jazz about his rich relatives.*

jeep Das im Zweiten Weltkrieg in den USA entwickelte Geländefahrzeug hieß zunächst *G.P. (General Purpose Vehicle).*

Jesus freaks/people Bezeichnung für Anhänger einer religiösen Bewegung im Zusammenhang mit der Protestbewegung der sechziger Jahre.

Jim Crow Spottname für einen Schwarzen, heute beleidigend. Ursprünglich Figur in einer → *minstrel show;* später in Ausdrücken, die Praktiken der Diskriminierung von Schwarzen bezeichnen, z. B. *Jim Crow Laws.*

John Doe ein fiktiver Name, wie er z. B. in Mustern von Formularen erscheint. → *the man on the street.*

joy-stick das Slangwort für Steuerknüppel ist heute eher in der Computertechnologie bekannt.

jukebox Musikautomat. Ursprünglich in *jook-houses* (Rasthäuser, Freudenhäuser) aufgestellt.

jump down someone's throat jemandem über den Mund fahren.

jump the gun einen Frühstart verursachen; voreilig handeln (*gun* ist hier die Startpistole).

junk food minderwertige Nahrungsmittel (*junk* = Kram, Plunder). Gemeint sind vor allem Produkte, die durch starke Verarbeitung an Nährwerten verloren haben *(processed food)*.

junkie (junky) »Fixer«.

K

keel over umkippen, »aus den Latschen kippen« (mit dem Kiel nach oben).

keep a low profile sich im Hintergrund halten; sich »bedeckt« halten. → *take a back seat.*

keep it under your hat sag's nicht weiter!

keep one's eye on the ball bei der Sache sein.

keep one's temper die Ruhe bewahren. Das Gegenteil: *lose one's temper.*

keep one's wits about one einen klaren Kopf behalten.

keep the ball rolling etwas aktiv unterstützen; (ein Gespräch) in Gang halten (Sportsprache).

keep your shirt on reg' dich nicht auf!

kibitzer jiddisch-umgangssprachliche Ableitung von »Kiebitz«, besserwisserischer Zuschauer beim Kartenspiel; von daher: Besserwisser.

kick the bucket »ins Gras beißen«, sterben. Eine der Theorien zur Entstehung dieses Ausdrucks besagt, daß es sich um den Eimer handelt, den ein Selbstmörder unter sich wegstößt.

killjoy Miesmacher, Spielverderber.

kill two birds with one stone zwei Fliegen mit einer Klappe schlagen.

Kilroy was here unter den Graffiti in aller Welt sicher das bekannteste. Der Spruch ist mit großer Wahrscheinlichkeit zunächst von einem Kontrolleur in einer Werft in Massachusetts auf inspiziertes Material geschrieben worden. Im Zweiten Weltkrieg und danach haben es → *GI's* in alle Welt hinausgetragen.

kitsch Kitsch; aus dem Deutschen, dem auch das Adjektiv *kitschy* entlehnt ist.

kitty gemeinsame Kasse (ursprünglich beim Kartenspiel).

klutz Trottel, »Trampeltier«. Aus dem Jiddischen und Deutschen: Klotz.

kneeling bus absenkbarer Bus, der Behinderten einen leichteren Einstieg ermöglicht.

knickerbocker nach dem Holländer Diedrich Knikkerbocker, fingierter Autor in Washington Irvings *History of New York* (1809). Auch in Amerika wurden Kniebundhosen als *knickerbockers* bekannt, später in der Verkürzung *knickers* für wechselnde Moden der Damenunterwäsche.

knockout »tolle« Person; »tolle« Sache.

knock someone for a loop jemanden so in Erstaunen versetzen, daß es ihn »umhaut«. Wörtlich: . . . daß er sich rückwärts überschlägt.

knock someone's socks off jemanden überraschen. In der Wendung *that will knock their socks off* bedeutet es etwa: Das wird der Knüller!

know-how Fachwissen, Sachkenntnis.

know-it-all Besserwisser, »Klugscheißer«. → *smart aleck;* → *wise guy.*

know the ins and outs genau Bescheid wissen.

know the ropes sich auskennen (aus der Seemannssprache).

kosher koscher; im weiteren Sinne auch »in Ordnung«.

krauts Spottname für Deutsche, der bereits im 19. Jahrhundert entstand, aber ebenso wie *Jerry* vorwiegend im Zweiten Weltkrieg verwendet wurde.

Seltener wurden die Schimpfwörter *Boche* und *Hun* verwendet.

Ku Klux Klan Geheimbund im Süden der USA, der sich – z. T. mit rücksichtsloser Gewaltanwendung – nach dem Bürgerkrieg gegen die Schwarzen und ihre neuerworbenen Rechte und gegen die → *carpetbaggers* aus dem Norden wandte und auch heute noch fortbesteht.

L

Labor Day Tag der Arbeit, in den Vereinigten Staaten am ersten Montag im September.

lame duck heute vorwiegend auf ausscheidende Präsidenten oder Kongreßmitglieder bezogen, die möglicherweise gegen Ende ihrer Amtszeit an Autorität verlieren.

land-office business »Bombengeschäft«. Die Wendung rührt von der Geschäftigkeit bei der Landvergabe im 19. Jahrhundert her.

last-ditch effort verzweifelter letzter Versuch.

last straw der Tropfen, der das Faß zum Überlaufen bringt. Das vollständige sprachliche Bild ist: *the last straw that breaks the camel's back.*

launder money illegal kursierendes Geld »waschen«.

lay off! Hör auf!

lay of the land (see how the land lies) die geographische Lage. Im übertragenen Sinne: die Sachlage.

lay/put something on the line etwas klar und deutlich sagen; auch: ein Risiko eingehen.

leak »durchsickern lassen«, (der Presse) zuspielen. Als Substantiv: die undichte Stelle.

leathernecks »Ledernacken«, Marineinfanteristen.

leave no stone unturned nichts unversucht lassen, sich große Mühe geben.

leave someone high and dry jemanden »auf dem Trocknen« sitzen lassen.

leave someone in the lurch jemanden im Stich lassen (Ausdruck aus dem Kartenspiel).

left-handed compliment ein zweifelhaftes Kompliment.

lemon »Niete«, Fehlprodukt.

let bygones be bygones die Vergangenheit ruhen lassen.

let one's hair down offen über etwas sprechen, sich ungeniert äußern.

let's get the show on the road! Packen wir die Sache an!

let the cat out of the bag die Katze aus dem Sack lassen. → *spill the beans.*

like greased lightning wie ein geölter Blitz.

like it or lump it wenn es dir nicht paßt, kannst du es ja bleiben lassen.

like water off a duck's back ohne Wirkung. *Advice rolled off him like water off a duck's back.*

limey Spitzname, den Amerikaner englischen Seeleuten, dann auch Engländern allgemein gaben. Seeleute tranken Limonensaft – *lime juice* – gegen Skorbut.

limousine liberal, parlor pink, radical chic die Ausdrücke kennzeichnen ein Befürworten des Liberalismus, des Sozialismus oder des Radikalismus, das sich lediglich in Lippenbekenntnissen äußert.

litterbug unordentlicher Mensch (der Abfälle herumliegen läßt). Das Wort ist wahrscheinlich analog zu *jitterbug* gebildet.

little pitchers have big ears kleine Kessel haben große Ohren.

live now, pay later die ursprünglich von Reisebüros *(go now, pay later)* und bei Ratenzahlungen *(buy now, pay later)* verwendete Formel hat vielerlei

z. T. sarkastische Abwandlungen erfahren, bis hin zu *die now, pay later.*

loaded dice gezinkte Karten. Wörtlich: präparierte (mit Blei geladene) Würfel. *To load the dice against someone,* jemanden reinlegen.

loafer Herumtreiber. Im 18. Jahrhundert auf Grundbesitzer in den Neuenglandstaaten bezogen, die ihre Höfe nicht selbst bewirtschafteten.

loan shark »Kredithai«.

lock, stock and barrel ganz und gar, mit allem Drum und Dran, mit Sack und Pack. Nach den drei Teilen, aus denen ein Gewehr besteht.

lock the barn door after the horse has been stolen Maßnahmen ergreifen, wenn es zu spät ist.

log cabin Blockhütte. Charakteristische Behausung der frühen Siedler und Pioniere.

loner Einzelgänger/in, Außenseiter/in, sowohl in negativer Bedeutung (ungeselliger Mensch), als auch in positiver Bedeutung (unabhängiger Charakter) verwendet.

the long and the short of it is that . . . der langen Rede kurzer Sinn ist, daß . . .

long johns lange warme Unterhosen.

longshoreman Hafenarbeiter. Zusammengesetzt aus *along shore* (entlang der Küste) und *man.*

look down one's nose at someone auf jemanden herabsehen.

looking good! als Ausruf: alles bestens! alles in Butter!

look like something the cat dragged in unordentlich, schmuddelig aussehen (wie etwas, das die Katze hereingeschleppt hat).

loony/looney Verrückter, Irrer; von *lunatic.* → *psycho,* → *screwball.*

Lost Generation Verlorene Generation. Gruppe amerikanischer Schriftsteller (z. B. E. E. Cummings, John Dos Passos, F. Scott Fitzgerald, Ernest Hemingway), deren Denken und Werk durch das desillusionierende Erlebnis des Ersten Weltkrieges mitgeprägt war. Die Bezeichnung wurde zuerst von Gertrude Stein in diesem Sinne verwendet.

Louisiana Purchase 1803 kauften die Vereinigten Staaten für 15 Millionen Dollar von Frankreich ein riesiges Gebiet, das vom Golf von Mexiko bis zur kanadischen Grenze und vom Mississippi bis zu den Rocky Mountains reichte.

low-down wesentliche Hintergrundinformationen.

luck out Glück haben, z. B. *You really lucked out with that easy exam topic!*

lunatic fringe extremistische Randgruppen (*lunatic* = verrückt; *fringe* = Rand). Im amerikanischen Sprachgebrauch ist der Ausdruck seit seiner Verwendung durch Franklin D. Roosevelt in den vierziger Jahren auf die Bedeutung Rechtsextremismus beschränkt.

lynching im 18. Jahrhundert entstandene (und nach einem Eigennamen so benannte) eigenmächtige Form der Hinrichtung, besonders durch Erhängen. Nach dem Bürgerkrieg artete sie weiter aus, als insbesondere in den Südstaaten Schwarze vom Mob auf grausame Weise exekutiert wurden.

M

mad zornig, wütend, ärgerlich; z. B. *Are you still mad?*

Madison Avenue Bezeichnung für die Werbebranche, die vor einigen Jahrzehnten ihre Agenturen vorzugsweise in dieser Straße in New York hatte.

mainline Drogen (in die Hauptvene) spritzen.

major Hauptfach im Studium. *He is an English major* heißt danach: Er studiert Englisch im Hauptfach. Gegenteil: *minor,* Nebenfach.

majority leader Fraktionsführer der Mehrheitspartei im Senat oder Repräsentantenhaus. Entsprechend: *minority leader.*

make a federal case out of something eine Staatsaktion aus etwas machen.

make a mountain out of a molehill aus einer Mücke einen Elefanten machen. Wörtlich: einen Berg aus einem Maulwurfshaufen machen.

make a splash Aufmerksamkeit erregen; »Wirbel machen«.

make hay while the sun shines das Eisen schmieden, solange es heiß ist.

make love, not war Der Slogan stammt aus der Zeit des Vietnamkriegs, wurde jedoch dann von Protestbewegungen allgemein als Antikriegsmotto verwendet.

make no bones about something nicht lange fackeln; keine Bedenken haben. *Bones* sind hier die Würfel, die man ohne langes Vorspiel rollen lassen soll.

make oneself scarce »sich verdrücken«, »sich dünn machen«.

makeshift Notbehelf.

make someone's mouth water jemandem den Mund wässerig machen.

make the grade es schaffen, Erfolg haben. Das Wort *grade* steht hier im Sinne von Anstieg, Aufstieg. → *grade.*

Manifest Destiny »offenkundige Bestimmung«. Die durch die Erfolge des *Westward Movement* inspirierte und von dem bekannten Journalisten John O'Sullivan 1845 formulierte These, nach der die weitere Machtausdehnung der Vereinigten Staaten eine nationale Aufgabe sei. In der Vorstellung, die auch die Verpflichtung zur Verbreitung demokratischer Institutionen einschloß, klang letztlich noch der religiöse Eifer an, mit dem die puritanischen Kolonisten Neuenglands ihre *City upon a Hill* ausbauen wollten. → *American Dream.*

the man on the street der Mann auf der Straße. → *John Doe.*

Marshall Plan Wirtschaftshilfeprogramm für Europa nach dem Zweiten Weltkrieg, 1947 vom Außenminister George C. Marshall vorgelegt. Der Marshallplan war eine realpolitische Maßnahme, deren Ziel auch darin bestand, den Einfluß des Kommunismus zurückzudrängen. Darüber hinaus war er jedoch nicht nur wirtschaftspolitisch außerordentlich erfolgreich, sondern wurde in Europa auch als humanitäre Hilfsaktion der USA gewürdigt.

Martin Luther King Day seit 1986 in einem Teil der

Bundesstaaten gesetzlicher Feiertag, am dritten Montag im Januar.

Mason – Dixon Line Trennlinie zwischen den Nord- und Südstaaten, der Südgrenze von Pennsylvanien entsprechend, benannt nach zwei Landmessern. Heute nur noch von historischem Interesse.

maverick Rind ohne Brandzeichen. Im übertragenen Sinne: Einzelgänger, parteiloser Politiker. Ursprünglich Name eines texanischen Ranchers, der sich weigerte, seine Tiere zu zeichnen.

MCP *male chauvinist pig;* 1970 entstandenes grobes Schimpfwort für einen »Chauvi«.

Medicare Krankenfürsorge; Soziale Krankenversicherung für ältere Menschen in den USA.

meltdown in technischem Sinne: Kernschmelze; daher auch: Katastrophe.

melting pot Das Bild vom »Schmelztiegel« wird benutzt, um die Integration vieler Nationen in der amerikanischen Bevölkerung zu umschreiben. Demgegenüber gibt es auch die Metapher der *salad bowl* (Salatschüssel), die die ethnische Verschiedenheit der Einwanderer betont. → *ethnics,* → *ghetto,* → *WASP.*

Memorial Day (auch *Decoration Day*) Volkstrauertag, am letzten Montag im Mai.

mend one's fences seine Freunde und Anhänger wieder hinter sich bringen. Wörtlich: die Zäune reparieren.

me Tarzan – you Jane leicht veränderte, aber in dieser Form bekanntgewordene Dialogzeile aus dem ersten Tarzan-Tonfilm (nach den Romanen von E. R. Burroughs) mit Johnny Weismuller

(1932). In Pädagogenkreisen ironisch als Minimalforderung für kommunikative Kompetenz kommentiert.

Mexican War Krieg zwischen den USA und Mexiko (1846–1848), der nach der Annexion von Texas durch die Vereinigten Staaten begann und mit der Besitzergreifung des Territoriums von Neu-Mexiko, Kalifornien, Nevada, Utah und von Teilen von Arizona und Colorado endete. Der Krieg wurde von vielen Amerikanern als Erfüllung des → *Manifest Destiny* angesehen, von anderen aber auch mit Ulysses S. Grant als ungerechtester Krieg in der Geschichte der USA verurteilt.

Middle America die erst Ende der sechziger Jahre bekanntgewordene Wortprägung bezieht sich auf den amerikanischen Bürger in gesicherten wirtschaftlichen Verhältnissen, mit mittlerem Einkommen, *»un-young, un-poor, and un-black«* (Richard Scammon, Director of the Census). Die Akzentuierung ist hier anders als bei dem Begriff → *silent majority,* der eher vom Politischen und Weltanschaulichen her definiert ist.

middle name bei Eigennamen der zweite, meistens nur durch Initiale wiedergegebene Vorname, häufig ein Familienname aus der nächsten Verwandtschaft. Davor steht der *first (given) name*, dahinter der *last (family) name*, z. B. John F(itzgerald) Kennedy.

middle of the road die Bezeichnung, mit der im wesentlichen die politische Mitte gemeint ist, gehört zu den beliebtesten Wahlkampfslogans. Der Dichter Robert Frost wies hingegen kritisch darauf hin, daß die Mitte eigentlich nicht der Teil der Straße sein sollte, auf dem man entlangfährt.

minstrel show im 19. Jahrhundert in den Vereinigten Staaten populäre Revue, in der als Schwarze geschminkte und kostümierte Weiße auftraten. Nach dem Ersten Weltkrieg durch → *vaudeville* abgelöst.

a miss is as good as a mile knapp daneben ist auch vorbei.

miss the boat etwas verpassen; z. B.: *Don't miss the boat! Take advantage of our free offer!*

Mister Charlie beleidigender Slangausdruck für Weiße, von Schwarzen angewendet.

MIT *Massachusetts Institute of Technology.* Bekannte technische Hochschule in Cambridge, Massachusetts.

mobile home überdimensionaler Wohnwagen, der mit Spezialfahrzeugen oder Traktoren bewegt und auch als Dauerwohnung genutzt wird.

Model-T attributiv im Sinne von billig, mittelmäßig. Anspielung auf das preiswerte Auto von Ford zu Beginn der Automobilära.

mom-and-pop store kleines, von der Familie betriebenes Geschäft, Tante-Emma-Laden.

Monday-morning quarterback der »Salonstratege«, der im nachhinein klüger ist (und am Montagmorgen genau weiß, wie der Spielmacher beim amerikanischen Fußball die Mannschaft im Wochenendpiel eigentlich hätte führen sollen).

money talks mit Geld erreicht man vieles.

money to burn »Geld wie Heu«.

-monger Das Wort für »Händler« fand sich ursprünglich in Berufsbezeichnungen wie *fishmonger* oder *ironmonger.* Heute bildet es abwertende Zusammensetzungen wie *gossipmonger* (*gossip* = Klatsch), *scandalmonger, panicmonger* oder *warmonger.*

moniker/monicker Spitzname, selbstgewählter Name unter → *hobo*.

monkey around with something an etwas herumfummeln.

monkey business krumme Tour.

a month of Sundays eine ewig lange Zeit.

moonlighter jemand, der zusätzlich Nebenarbeiten verrichtet; Schwarzarbeiter.

moonshine geschmuggelter oder schwarzgebrannter Alkohol.

movie ratings Freigabekriterien für Spielfilme. *X-rated* (*no one under 17 admitted,* für Jugendliche unter 17 Jahren ungeeignet); *R* (*Restricted; under 17 requires accompanying parent or adult guardian,* für Jugendliche unter 17 Jahren nur in Begleitung eines Erziehungsberechtigten); *PG 13* (*Parental Guidance suggested,* elterliche Beratung empfohlen; oft mit Altersangabe); *G* (*General Audiences,* für alle Altersstufen freigegeben).

muckraking um die Jahrhundertwende entstandener Enthüllungsjournalismus (*muck* = Dreck; *rake* = wühlen).

mud-slinging Verunglimpfung, »Schlammschlacht«; oft auf Wahlen bezogen.

muff one's chance eine Chance verpatzen.

mugging Straßenraub.

mumbo-jumbo Hokuspokus, Kauderwelsch.

Murphy's Law *»If anything can go wrong, it will«.* Es ist unbekannt, wer jener Murphy war, der die defätistische Lebenseinstellung formuliert haben soll, nach der alles schiefgehen wird, was irgendwie schiefgehen kann. → *Peter Principle.*

muzak Hintergrundmusik. Die Handelsbezeichnung ist angeblich aus *music* und *Kodak* entstanden.

N

your name is mud »du bist erledigt«, »du bist geliefert«. *Mud* rührt hier vom Namen des Arztes Samuel Mudd her, der der Komplizenschaft mit dem Mörder Abraham Lincolns beschuldigt und verurteilt wurde.

name names Roß und Reiter nennen.

the name of the game »die Parole«; z. B. *»stick it out« is the name of the game,* »durchhalten« heißt die Parole. Neuerdings auch mit ähnlicher Bedeutung: . . . *is what it's all about,* . . . ist angesagt.

namedropper jemand, der im Gespräch ständig Namen von Prominenten nennt, die angeblich gute Bekannte von ihm sind.

NASA *(National Aeronautics and Space Administration)* nationale Luft- und Raumfahrtbehörde.

need something like a hole in the head absolut keine Verwendung für etwas haben.

never say die nicht aufgeben!

New Deal diesen Namen gab Präsident Franklin D. Roosevelt einem wirtschafts- und sozialpolitischen Maßnahmenkatalog, mit dem er in den dreißiger Jahren die Folgen der Weltwirtschaftskrise zu überwinden hoffte. Stichpunkte seines Programms waren Arbeitsbeschaffung, Arbeitszeitregelung, Sozialversicherung, Finanzreform, Bekämpfung der Inflation (Ausdruck vom Kartenspielen).

nightcap in übertragenem Sinne: Schlummertrunk.

-nik Endung aus dem Russischen zur Bildung von Substantiven; im Englischen scherzhaft erweitert,

z. B. auf *beatnik, peacenik, no-goodnik, sicknik* usw.

nip something in the bud etwas im Keim ersticken. Wörtlich: in der Knospe abtöten.

nit-picking »pingelig« (*nit* = Nisse).

the nitty-gritty die nüchternen Tatsachen, die harte Wirklichkeit (*nit* = Nisse, *grit,* = grober Sand).

no-go situation eine Situation, in der »nichts mehr läuft« (in der Raumfahrt verwendet).

no kidding! ehrlich! kaum zu glauben! (zu *kid*, »verkohlen«).

not by a long shot kein bißchen.

not have a leg to stand on keine Gründe für die Richtigkeit einer Behauptung haben; wie z. B. *her argument was so good, it left me without a leg to stand on.*

nothing succeeds like success Erfolg bringt Erfolg.

nothing to fear but fear itself das bekannte Zitat aus der ersten Antrittsrede Präsident Franklin D. Roosevelts (1933) ist wahrscheinlich den Schriften des amerikanischen Essayisten und Dichters Henry David Thoreau (1817–1862) entnommen.

nothing to sneeze at nicht zu verachten.

not stand the ghost of a chance nicht die Spur einer Chance haben.

no way! unter keinen Umständen! völlig ausgeschlossen! – Eine sehr einsilbige Form der Ablehnung einer Bitte oder eines Vorschlags.

number cruncher Computer; Computerfachmann (*to crunch* = zerkauen, zermalmen).

nuts and bolts die Grundlagen, das Wesentliche, Wörtlich: Schraube und Mutter.

O

OAS *(Organization of American States),* mit Sitz in Washington.

off base unangemessen, im Irrtum, »auf dem falschen Dampfer« (Baseballsprache).

off one's rocker »übergeschnappt« (*rocker* = Kufe, Schaukelstuhl).

off the hook »aus dem Schneider«.

off the record inoffiziell, nicht für die Öffentlichkeit bestimmt (*record* = Aufzeichnung).

off the top of one's head auf Anhieb, spontan (z. B.: *He could name 20 kinds of trees off the top of his head*).

OK Als Übersetzung drängt sich heute »alles klar« auf. Allen Walker Read wies 1941 in der *Saturday Review of Literature* nach, daß die Abkürzung nicht von Eigennamen, Fremdsprachen oder Fachausdrücken abgeleitet ist, wie vielfach angenommen. Sie ist vielmehr Resultat einer um 1838 in Boston und New York in Mode gekommenen Wortspielerei mit Abkürzungen und erscheint als Kurzform eines verballhornten *Oll Korrekt*.

Okie wandernder Landarbeiter, in der Regel aus Oklahoma. Das Wort wurde ursprünglich auf die Landarbeiter gezogen, die in den dreißiger Jahren Oklahoma wegen einer Dürre *(Dust Bowl)* verlassen mußten, um in Kalifornien Arbeit zu suchen.

Old Glory das »Sternenbanner«. → *Stars and Stripes.*

once in a blue moon äußerst selten, alle Jubeljahre. Die ältere Bedeutung »nie im Leben« ist einsichtiger, da der Mond wohl nie blau ist.

one-armed bandit scherzhafte Bezeichnung für Spielautomat. → *slot machine.*

on easy street in auskömmlichen Verhältnissen.

one-horse town ödes Nest, »Kaff«.

on one's toes »auf Draht«. Wörtlich: auf den Zehen.

on pins and needles »auf glühenden Kohlen«.

on the blink kaputt, »im Eimer«. → *on the fritz.* → *out of kilter.*

on the up and up in Ordnung, ehrlich; z. B. in der Wendung: *This contract is strictly on the up and up.*

on the dot pünktlich.

on the fritz kaputt, »im Eimer«. In der alten Comic-Serie *The Katzenjammer Kids* gelingt es Hans und Fritz immer wieder, alles durcheinanderzubringen. → *on the blink.* → *out of kilter.*

on the house »auf Kosten des Hauses«.

on the level wahrheitsgemäß, wahrheitsliebend. Das Wort *level,* Ebene, ist hier in der Nebenbedeutung von Wasserwaage verwendet.

on the rocks kaputt, in die Brüche gegangen, pleite. Bei Getränken: mit Eiswürfeln.

on the spur of the moment der Eingebung des Augenblicks folgend, ganz spontan (*spur* = Sporn, Ansporn).

on the tip of one's tongue auf der Zungenspitze. In der Redewendung: *it's on the tip of my tongue,* es liegt mir auf der Zunge.

on top of the world obenauf, »restlos glücklich«.

open and shut eindeutig, »sonnenklar«.

ornery gewöhnlich, gemein; dickköpfig. Dialektwort aus dem Mittleren Westen für *ordinary.*

out in left field auf der falschen Fährte; absonderlich, exzentrisch (Baseballsprache).

outlandish häufig im Sinne von seltsam, altmodisch, rückständig verwendet.

out of circulation aus dem Verkehr gezogen (auch von Personen).

out of hand außer Kontrolle; außer Rand und Band.

out of kilter in schlechtem Zustand; ungeordnet. → *on the blink.* → *on the fritz.*

out of one's head/mind nicht bei Sinnen, verrückt.

out of print vergriffen (von Büchern).

out of step aus dem Tritt; aus dem Takt; nicht in Einklang.

out of the frying pan into the fire vom Regen in die Traufe.

out of the woods »über den Berg«.

out of touch nicht mehr auf dem laufenden. *to be out of touch with someone* heißt: keine Verbindung zu jemandem haben; entsprechend: *to be in touch with someone, to keep in touch with someone, to lose touch with someone.*

Oval Office Amtszimmer des Präsidenten im Weißen Haus. Seit der Präsidentschaft Nixons bezieht sich der Ausdruck – mit großen Anfangsbuchstaben – unmittelbar auf den Präsidenten und seine Amtsgeschäfte (z. B. *orders directly from the Oval Office*).

P

paddle one's own canoe auf eigenen Füßen stehen.

paddy wagon »grüne Minna«.

a pain in the neck jemand, der einem auf die Nerven geht.

paint oneself into a corner sich den Rückweg verbauen. Wörtlich: sich (wie ein ungeschickter Anstreicher) in die Zimmerecke hineinpinseln.

paint the town red »auf die Pauke hauen«, »einen draufmachen«.

paleface Bleichgesicht. Der Ausdruck findet sich in den Romanen und Erzählungen James Fenimore Coopers *(Lederstrumpf)* und wurde wahrscheinlich von ihm ebenso geprägt wie *on the war path* und *war paint.*

panhandle betteln, schnorren (nach dem Gefäß, das dafür benutzt wird).

pan out »funktionieren«, sich bezahlt machen. Der Ausdruck bezieht sich auf die Arbeit des Goldgräbers, der mit seiner Pfanne das Gold herauswäscht.

parlor Salon; Geschäft. Zusammensetzungen wie *beauty parlor, ice cream parlor* versprechen ein gewisses Niveau und bedeuten eine Aufwertung des jeweiligen Unternehmens.

party umgangssprachlich bezieht sich das Wort auch auf Einzelpersonen: *a party by the name of Johnson.*

pass the buck die Verantwortung abwälzen. Präsident Truman modifizierte die Redewendung Mitte der vierziger Jahre: Seine auf sich selbst bezogene

Variante, *the buck stops here,* sollte verdeutlichen, daß letztlich alle Verantwortung bei ihm verblieb. Wörtlich: die Spielmarke – beim Pokerspiel – weitergeben.

pass the hat »den Hut herumgehen lassen«, sammeln.

patio aus der spanischen Architektur übernommene Bezeichnung für einen Innenhof oder eine Terrasse.

pay through the nose kräftig draufzahlen, »bluten« müssen.

PC Abkürzung für *personal computer,* aber auch → *Peace Corps,* Friedenscorps.

p.d.q. *(pretty damn quick)* dalli dalli!

Peace Corps seit 1961 bestehende Organisation der amerikanischen Bundesregierung, die freiwillige Helfer (vor allem Techniker, Landwirte und Erzieher) ausbildet und ins Ausland schickt. Die Gründung geht auf John F. Kennedy (nach Vorschlägen von General Gavin) zurück, die Idee jedoch bereits auf einen Kreis um Senator Hubert Humphrey.

pecking order Hackordnung; Rangordnung, wie sie in der Tierwelt durch Weghacken des Rangniederen vom Futterplatz hergestellt wird.

peeve verärgern. Bei diesem Wort handelt es sich um eine für das amerikanische Englisch charakteristische »Rückbildung« aus einer anderen Wortart, in diesem Falle von *peevish,* verdrießlich. Andere Beispiele für *back formation* sind *enthuse* von *enthusiasm, loaf* von *loafer, locate* von *location.*

Pennsylvania Dutch Name für deutschstämmige Einwanderer in Pennsylvania und Maryland bzw.

für ihre aus einem Gemisch südwestdeutscher Mundarten bestehende Sprache, die später mit Englisch durchsetzt wurde (*Dutch* steht hier für Deutsche/deutsch).

penny Ein-Cent-Münze. Entsprechend *nickel* für ein Fünf-Cent-Stück, *dime* für ein Zehn-Cent-Stück und *quarter* für ein 25-Cent-Stück.

pennypincher Pfennigfuchser.

people can have any color, so long as it's black Henry Fords komisch-widersprüchliche Ausssage bezog sich auf sein berühmtes *Model T,* das erste, aber noch sehr spartanische Familienauto Amerikas, das später freilich doch in anderen Farben angeboten werden mußte.

pep talk aufmunternde Worte. Pep, Schwung, Elan ist von *pepper* abgeleitet.

perks *(perquisites)* Vergünstigungen, (steuerfreie) Nebeneinkünfte. Sie reichen vom Dienstwagen bis zur → *annie oakley* und wurden, was ihre Inanspruchnahme angeht, unter der Präsidentschaft Carters heftig diskutiert, der ein offenes Ohr für die Beschwerden der Steuerzahler hatte.

peter out versickern, sich (allmählich) verlieren.

Peter Principle *»In a hierarchy every employee tends to rise to his level of incompetence«.* In einer hierarchischen Ordnung steigt jeder solange auf, bis er eine Stellung erreicht hat, für die er nicht mehr kompetent ist. So heißt es in dem Buch von Lawrence J. Peter und Raymond Hull, *The Peter Principle – Why Things Always Go Wrong,* 1969. Das Peter-Prinzip ist nicht zu verwechseln mit dem »Parkinsonschen Gesetz«, in dem der englische Historiker Parkinson ironisch formuliert, daß Arbeit sich in dem Ausmaß vermehrt, in dem Zeit für ihre Erledigung zur Verfügung steht. → *Murphy's Law.*

Phi Beta Kappa akademische Verbindung, deren Mitglieder hervorragende wissenschaftliche Leistungen aufweisen.

phony/phoney falsch, unecht; Schwindler; Fälschung.

picayune Lappalie, Tinnef; *picayunish* = läppisch, schäbig. Ursprünglich spanische Münze in Florida und Louisiana.

pick someone's brains jemanden ausfragen.

pick up the ball and run with it etwas Vernünftiges mit einer Sache anfangen (Sportsprache).

pickup truck Lieferwagen.

picnic im übertragenen Sinne: »Kinderspiel«.

pie in the sky leere Versprechungen.

pigeonhole einordnen, klassifizieren; Brieffach.

piggyback/pick-a-back huckepack. In einer weiteren Bedeutung: sich an eine florierende Sache dranhängen.

pig out sich überfressen. Auch in übertragenem Sinne, z. B. *pig out on pop music.*

pillow talk Bettgeflüster.

pinch-hit for someone für jemanden einspringen (Baseballsprache). → *go to bat for someone.*

the pits das Schlimmste, z. B. *I want to get out of here. This place is the pits.*

pj's Schlafanzug. Abkürzung von *pajamas* (amerikanische Schreibweise für brit. *pyjamas*).

play ball zusammenarbeiten (Baseballsprache).

playbill Theaterprogramm.

play by ear nach dem Gehör, ohne Notenkenntnis spielen. Von daher heißt *play it by ear* improvisieren, ohne detaillierte Planung bewerkstelligen.

play close to the chest sich nicht in die Karten gukken lassen. Wörtlich: die Karten nahe an der Brust halten.

play hooky die Schule schwänzen. Synonyme sind *to cut class* und (brit. Englisch) *to play truant.*

play it safe »auf Nummer Sicher gehen«.

play possum sich schlafend (oder tot, oder unfähig) stellen. (Das Opossum verhält sich bei Gefahr absolut still.)

Pledge of Allegiance Treuegelöbnis, wie es bereits Kinder von Versammlungen der Schulgemeinde her kennen: *I pledge allegiance to the flag of the United States of America, and to the republic for which it stands, one nation under God, indivisible, with liberty and justice for all.*

poker face Pokergesicht; unbewegte Miene; dem guten Pokerspieler zugeschrieben. → *deadpan.*

polish off (Essen) verputzen, verdrücken. Auch im Sinne von: jemanden abfertigen, erledigen, abservieren.

poll tax in der zweiten Hälfte des 19. Jahrhunderts in den Südstaaten erhobene Kopfsteuer, durch die besonders Schwarze von Wahlen ausgeschlossen wurden.

pooped out »ausgepumpt«, »fix und fertig«.

pork-barrel politics Geldzuweisungen, mit denen die Regierung den Forderungen von lokalen Politikern und Wählern entspricht und die zur Ausführung lokaler Projekte benutzt werden. Der Ausdruck geht auf die vor dem Bürgerkrieg geübte Praxis zurück, Sklaven gelegentlich aus Fässern große Portionen Schweinefleisch zu übergeben.

potlatch Sitte der Indianer an der Nordwestküste. In einer Zeremonie verschenkt oder vernichtet der Häutling Gegenstände, um so seinen Reichtum zu zeigen. In übertragenem Sinne: deutlich zur Schau getragene Verschwendung.

pot luck in der Wendung *to take pot luck:* mit dem vorliebnehmen, was es gerade zu essen gibt. Im weiteren Sinne: etwas aufs Geratewohl probieren.

pound the sidewalks sich die Hacken nach Arbeit ablaufen. Wörtlich: den Bürgersteig stampfen.

powerhouse dynamischer Mensch.

pow-wow scherzhaftes Wort für Versammlung, Besprechung, laute Debatte. Aus dem Indianischen, dort zunächst in der Bedeutung »Medizinmann«, dann Ratgeber und Beratung.

PR *(public relations)* Öffentlichkeitsarbeit.

prairie schooner bildhafte Bezeichnung des *covered wagon*, des Planwagens, der bei der Besiedlung des amerikanischen Westens unentbehrlich war (*schooner* = Schoner).

preppie/preppy Schüler einer *preparatory school.* Attributiv: entsprechendes Verhalten *(preppie self-confidence)* oder Aussehen *(preppie clothes, haircut)*.

Presidents' Day (auch *Washington-Lincoln Day*). Die Geburtstage des ersten Präsidenten der Vereinigten Staaten, George Washington (22. Februar 1732), und des Präsidenten im → *Civil War,* Abraham Lincoln (12. Februar 1809), werden in den meisten Staaten gemeinsam am dritten Montag im Februar gefeiert.

primaries Vorwahlen zur Aufstellung von Präsidentschaftskandidaten, wobei die Wähler unmittelbar beteiligt sind.

private eye Privatdetektiv. Verkürzung von *private i(nvestigator)*.

Prohibition Alkoholverbot. Im engeren Sinne bezieht sich das Wort auf die Jahre 1920–1933, in denen die Herstellung und der Verkauf von Alkohol in den USA gesetzlich verboten waren.

prom Schulball (von *promenade*).

psycho Slangwort für »Verrückter«. → *loony*, → *screwball.*

Public Enemy No. One Volksfeind Nr. 1. Die Bezeichnung richtete sich ursprünglich gegen den Schwerverbrecher John Dillinger (1903–34), der sein Unwesen im Mittleren Westen trieb.

public school anders als im britischen Sprachgebrauch bezieht sich das Wort in den USA tatsächlich auf öffentliche Schulen, häufig Grundschulen. Gegenteil: *private school.*

puddinghead Tölpel, »Knallkopp«. Das Wort ist im praktischen Sprachgebrauch veraltet, hat aber durch Mark Twains *Pudd'nhead Wilson* Eingang in die amerikanische Literatur gefunden.

Pulitzer Prizes nach ihrem Stifter benannte Preise für literarische und journalistische Arbeiten, die jährlich verliehen werden.

pull a boner einen Schnitzer machen, »einen Bock schießen«.

pull an all-nighter eine Nachtschicht einlegen (Studentensprache).

Pullman car Mitte des 19. Jahrhunderts aufkommender komfortabler Eisenbahnwagen, nach seinem Konstrukteur benannt.

pull one's punches verhalten schlagen (beim Boxen). Von daher: sich zurückhalten. Umgekehrt heißt *pull no punches* »vom Leder ziehen« (*punch* = Faustschlag).

pull strings Beziehungen spielen lassen. Die *strings* oder auch *wires* sind die des Marionettentheaters. Entsprechend auch: *to have someone on a string,* jemanden am Gängelband haben.

pull the plug etwas beenden, Schluß machen. Wörtlich: den Stecker ziehen.

pull the wool over someone's eyes jemanden hinters Licht führen, jemandem Sand in die Augen streuen.

pull up stakes seine Zelte abbrechen. Wörtlich: die Grenzpfähle herausziehen.

pulp fiction Trivialliteratur, die auf billigem Papier gedruckt ist (*pulp* = Papierbrei).

punch line Pointe, »Knalleffekt«.

puppy love erste junge Liebe; auch: *calf love. Puppy* heißt »junger Hund« und allgemein »Junges«.

pushover leicht zu besiegender Gegner, leichtes Opfer: *He is a pushover for a pretty face.* Auch: »Kinderspiel«, → *duck soup,* → *cinch,* → *easy as pie.*

push up the daisies »sich die Radieschen von unten betrachten«. Wörtlich: die Gänseblümchen hochdrücken. Einer der vielen Euphemismen für sterben.

put a tiger in your tank Die 1964 forcierte Benzinreklame wurde in den USA durch zahllose an Tankdeckeln sichtbare Tigerschwänze unterstützt.

put one's best foot forward sich von der besten Seite zeigen.

put one's foot down ein Machtwort sprechen.

put one's foot in one's mouth / in it ins Fettnäpfchen treten.

put something on the back burner etwas zurückstellen, in Reserve halten (*back burner* = hintere Kochstelle am Herd).

put the cart before the horse das Pferd beim Schwanze aufzäumen.

put the squeeze on somebody jemanden unter Druck setzen.

Q

queer homosexuell, Homosexueller. → *gay,* → *fag.*

quibble herumreden, spitzfindig sein; z. B. *Let's not quibble over the details.*

quickie »auf die Schnelle« gemachte Sache, z. B. *have a quickie,* »rasch einen kippen«. Neuerdings besonders auf Geschlechtsverkehr bezogen.

quit cold turkey etwas über Nacht aufgeben. Der Ausdruck wird besonders bei Süchtigen verwendet (Therapie des plötzlichen, vollständigen Entzugs). Wörtlich: wie ein kalter (toter) Truthahn von etwas ablassen.

R

racket einträgliches Geschäft, Schiebung, Schwindel; organisierte Erpressung, dann auch schwere Verbrechen aller Art. Dazu *racketeer,* Verbrecher.

ragtime afro-amerikanischer Klaviermusikstil mit besonderer Synkopierung und Phrasierung. Er entstand im späten 19. Jahrhundert im Mittleren Westen und gilt als Vorläufer des Jazz. Wörtlich: zerrissener Takt.

rain check Einlaßkarte für eine wegen Regen verschobene Veranstaltung. *To take a rain check,* etwas auf ein andermal verschieben. → *check.*

raise the ante den Einsatz beim Poker erhöhen; auch im übertragenen Sinne verwendet.

raise the roof Krach schlagen.

rake someone over the coals jemanden tadeln, heruntermachen. Wörtlich: jemanden über (glühende) Kohlen ziehen.

range in seiner spezifisch amerikanischen Bedeutung auf die weiten Weideflächen des Westens bezogen.

rat race Hetzjagd, ständiger harter Konkurrenzkampf.

the real McCoy das Echte (keine Imitation). Der Ausdruck wurde wahrscheinlich mit schottischem Whisky nach Amerika importiert. Gleichbedeutend: *the genuine article.*

Reconstruction Wiederaufbauphase in den Vereinigten Staaten nach dem Sezessionskrieg, in der die Staaten der → *Confederacy* von den Nordstaaten aus verwaltet wurden. → *Civil War.*

redcoats britische Truppen im Unabhängigkeitskrieg, nach ihren roten Uniformjacken benannt. Die Amerikaner, die sich der Trennung von England widersetzten, nannten sich *Loyalists*.

red-letter day wichtiger Tag oder Glückstag.

redneck Schimpfwort, das sich auf Weiße, besonders in den ländlichen Gegenden der Südstaaten bezieht. Ihnen wird Begriffsstutzigkeit, Engstirnigkeit, reaktionäre politische Gesinnung und eine feindliche Haltung gegenüber Schwarzen und Bewohnern der Nordstaaten nachgesagt. Im Vergleich dazu ist *good old boy* eine sehr viel positivere Bezeichnung für weiße Südstaatler.

reform school Fürsorgeheim, Besserungsanstalt für Jugendliche.

résumé Lebenslauf (für eine Bewerbung).

ride herd (on) jemanden oder etwas beaufsichtigen, unter Kontrolle halten (wie der Cowboy, der die Herde auf dem Pferd umreitet).

right down my alley ganz mein Fall.

right off the bat auf Anhieb (Baseballsprache).

ring a bell an etwas erinnern. Oft in der Frage: *Does that ring a bell?*

riot Krawall, Aufruhr. Auch eine Person oder Sache, die man »zum Schreien« oder »zum Schießen« findet.

ritzy »stinkvornehm«, protzig. Vom Namen des bekannten Schweizers Hoteliers abgeleitet.

road hog Verkehrsrowdy.

The Roaring 20s das Attribut *roaring* (tosend) bezieht sich in den zwanziger Jahren ebenso auf *jazz bands* (daher auch *Jazz Age*) und Sportwagen wie auf Liberalismus in der Gesellschaft, wirtschaftliches Wachstum (die *Golden 20s* endeten allerdings mit dem Börsenkrach von 1929) und organisiertes Gangstertum.

rob Peter to pay Paul ein Loch mit einem anderen stopfen.

rock the boat eine Sache gefährden, für Unruhe sorgen. Wörtlich: das Boot zum Schaukeln bringen.

roger! Codewort bei Funksprüchen, für *received*, verstanden. Seit den dreißiger Jahren bekannt.

rogues' gallery Verbrecheralbum.

rookie Rekrut, Anfänger.

roomer Untermieter(in). Entsprechend heißt *to room* ein Zimmer haben, z. B. *he's rooming with us.*

roommate Zimmergenosse, Mitbewohner(in); entsprechend *flat-mate, house-mate.*

round robin Turnier, bei dem jeder gegen jeden antritt; aber auch: Rundbrief, Umlauf. Frühere Bedeutung: Petition, Denkschrift, bei der die Unterschriften im Kreis angeordnet sind, damit keine von ihnen besonders prominent an der Spitze steht. *Robin* ist Volksetymologie zu *ribbon,* Band.

rubberneck Das Wort wird als Spottname für Touristen heute kaum noch verwendet, jedoch z. B. in Verkehrsberichten auf eine neue Art von »Gaffer« bezogen: den Schaulustigen, der von der Gegenfahrbahn aus eine Unfallstelle inspiziert und dabei selbst einen Stau *(rubberneck delay)* verursacht.

Rube Goldberg komplizierte, raffinierte Maschinerie, mit der ein im Verhältnis zur aufwendigen Konstruktion nur bescheidenes Ergebnis erzielt wird. Nach dem Zeichner solcher Gerätschaften.

rub elbows with someone mit jemandem verkehren; gute Beziehungen zu jemandem haben, auf du und du mit jemandem stehen. Wörtlich: sich die Ellenbogen reiben.

rub it in auf etwas »herumreiten«; jemandem etwas »unter die Nase reiben«; (meistens negativ: *don't rub it in*).

rub someone the wrong way jemanden verstimmen. Wörtlich: gegen den Strich reiben.

rule the roost dominieren (*rooster* = Hahn).

rundown substantivisch in der Bedeutung: Zusammenfassung, Bericht.

runner-up der Zweite in einem sportlichen Wettkampf; Vizemeister. Sinngemäß auch bei Wahlen.

running mate Kandidat für die Vizepräsidentschaft.

run-of-the-mill mittelmäßig, Feld-, Wald- und Wiesen-. Zugrunde liegt das Bild des sich eintönig drehenden Mühlrads.

run something into the ground etwas überbetonen, auf die Spitze treiben.

S

sabbatical (leave) Freisemester für Hochschullehrer, meistens alle sieben Jahre; nach dem hebräischen Wort *schabat,* im Judentum der siebente Tag der Woche, Tag der Ruhe und Heiligung.

SALT *(Strategic Arms Limitation Talks).* Verhandlungen zwischen den USA und der Sowjetunion über Begrenzung und Abbau strategischer Waffensysteme.

Saturday night special billiger Revolver, der offenbar laut Verbrechensstatistik vorzugsweise am Wochenende verwendet wird.

save something up for a rainy day einen Notgroschen zurücklegen.

say/cry uncle aufgeben, sich ergeben (Kindersprache).

scared stiff starr vor Schreck.

schmaltz »Schmalz«, Kitsch. Von daher: *schmaltzy,* schmalzig, sentimental (über das Jiddische aus dem Deutschen entlehnt).

scoop im Journalismus: Exklusivbericht.

scrape the bottom of the barrel die letzten Reste zusammenkratzen. Im übertragenen Sinne: sich mit wenig zufriedengeben; oder: sich mit einem wenig geeigneten Kandidaten abfinden. Wörtlich: den Boden des Fasses »schrappen«.

scratch someone's back jemandem einen Gefallen tun. Wörtlich: jemandem den Rücken kratzen. Besonders in der Formulierung: *if you scratch my back, I'll scratch yours,* eine Hand wäscht die andere.

screwball Effetball beim Baseball; in übertragenem Sinne: verdrehter Typ, Spinner. → *loony,* → *psycho.*

seaboard Küstengebiet; vorwiegend in *Eastern Seaboard,* Ostküste.

security blanket eine Neuprägung des amerikanischen Englisch, die sich auf Menschen, Dinge oder Ideen bezieht, die einem Zuflucht und Geborgenheit geben. Zugrunde liegt die »Schmusedecke« des Kindes. Der Ausdruck wird Charles Schulz, dem Schöpfer der *Peanuts*-Serie, zugeschrieben.

see eye to eye with somebody mit jemandem einer Meinung sein. Siehe dagegen *eyeball to eyeball.*

sell someone down the river jemanden verraten, »verschaukeln«. Die Redewendung erinnert an die Zeit, in der Negersklaven den Mississippi hinunter verkauft wurden, wo härtere Arbeitsbedingungen herrschten.

send up/send up the river in den Knast stecken. Gemeint ist ursprünglich das bekannte Gefängnis Sing-Sing, das von New York aus flußaufwärts liegt.

senior citizens Senioren.

separate but equal wörtlich: getrennt, aber gleichgestellt. Die Formulierung findet sich zunächst in der Unabhängigkeitserklärung, wo sie den Status der Vereinigten Staaten *among the powers of the earth* beschreibt. In bezug auf die Rassentrennung wird sie dann zu einer Doktrin, die besagt, daß Chancengleichheit auch bei Rassentrennung möglich sei. Dieser Doktrin widerspricht ein Gerichtsurteil des Obersten Gerichtshofs aus den fünfziger

Jahren ebenso wie das Denken der Bürgerrechtsbewegung.

set someone's teeth on edge jemandem auf die Nerven gehen.

sew something up etwas perfekt machen. Wörtlich: etwas zunähen.

shake a leg mach voran!

a sharp tongue is the only edged tool that grows keener with constant use. Eine scharfe Zunge ist das einzige Gerät, das bei ständigem Gebrauch immer schärfer wird. Washington Irving, in *Rip van Winkle.*

sheepskin Diplom, Urkunde für einen College- oder Universitätsabsolventen; früher auf Schafleder geschrieben.

one's ship comes in oft in der Formulierung: *when my ship comes in, . . .* Was heute der Lottogewinn ist, war früher das Schiff, das Reichtümer aus fremden Ländern brachte.

shoot off one's mouth daherreden, herumschwadronieren.

short-order cook Koch im Schnellimbiß.

. . . the shot heard round the world . . . der Schuß, der in der ganzen Welt zu hören war. Aus einer Hymne Ralph Waldo Emersons (1803–1882). Die Worte beziehen sich auf die erste Kampfhandlung im amerikanischen Unabhängigkeitskrieg bei Lexington.

a shot in the arm »Spritze«, Ansporn.

a shot in the dark ein blinder Versuch; etwas, das aufs Geratewohl gesagt oder getan ist.

show biz Kurzform von *show business,* Showgeschäft.

showdown Kraftprobe.
show off angeben, protzen.
shyster Winkeladvokat.
sidekick Kumpel, »Spezi«.
sidetrack (vom Wesentlichen) ablenken. Eine wörtliche Bedeutung ist: (einen Waggon) auf ein Nebengleis schieben.
silent majority Im Gegensatz zu → *Middle America* ist die »schweigende Mehrheit« das Gros der Bürger, die zwar die öffentliche Meinung personifizieren, ihre Überzeugungen aber nicht laut und bei jeder Gelegenheit artikulieren. John F. Kennedy stellte den *sentiments of the silent majority* die *screams of a vocal minority* gegenüber, und auch andere Politiker versuchten zu vermeiden, daß der Begriff von den so Bezeichneten als Kritik empfunden wurde. Sie verwendeten deshalb auch Synonyme wie *quiet majority, quiet Americans, silent center.*
Silicon Valley ursprünglich ein Zentrum der Herstellung von Siliciumchips im kalifornischen Santa Clara Valley, später scherzhaft auch auf ähnliche Produktionsstätten bezogen.
Simon Legree grausamer, tyrannischer Bösewicht, »Sklaventreiber«. Nach einer Romanfigur in Harriet Beecher Stowes *Uncle Tom's Cabin* (1852).
sink one's teeth into a problem sich in etwas hineinknien.
sitcom *(situation comedy)* Situationskomödie im Fernsehen.
sit on the fence unschlüssig sein, sich nicht entscheiden können oder wollen. Wörtlich: auf dem Zaun

sitzen (und nicht wissen, nach welcher Seite man absteigen soll).

sit there like a bump on a log faul herumsitzen. Wörtlich: ... wie ein Knubbel auf einem Baumstamm.

a sitting duck ein leichtes Opfer.

sitting pretty »fein raus«.

six of one and half a dozen of the other egal, »gehupft wie gesprungen«.

skate on thin ice sich aufs Glatteis begeben, ein heikles Thema anschneiden.

skin flick Sexfilm, Pornofilm. *skin* bezieht sich auf die dort gezeigte nackte Haut; *the flicks* (oder *flickers*) ist ein Slangwort für das frühe Kino mit der flimmernden Leinwand.

skinflint Geizhals. Ursprünglich der Schütze, der den Feuerstein seiner Flinte häufig wetzt *(to skin)*, um einen neuen zu sparen. Washington Irving macht sich über soviel Knausrigkeit lustig: *The fool ... skinning a flint worth a farthing ...* → *cheapskate*.

skinny-dip nackt baden (*skin,* die Haut und *dip,* eintauchen). Das Adamskostüm (oder Evaskostüm) heißt *birthday suit.*

by the skin of one's teeth mit knapper Not, um Haaresbreite. Die Wendung stammt aus dem Buch Hiob. *The Skin of our Teeth* ist auch der Titel von Thornton Wilders bekanntem Theaterstück (deutsch: *Wir sind noch einmal davongekommen*).

skip it! geschenkt! (*skip* heißt hier: überspringen, überschlagen). Gleichbedeutend: *forget it.*

the sky's the limit Geld spielt keine Rolle.

a slew of große Menge, »ein ganzer Haufen von . . .«.

slipshod nachlässig.

slot machine Spielautomat, im britischen Englisch *fruitmachine.* → *one-armed bandit.*

small fry »junges Gemüse«; (*fry* = kleine Fische).

small/fine print das Kleingedruckte.

smart aleck Schlauberger, Schlawiner. → *wise guy;* → *know-it-all.*

smell a rat den Braten (wörtlich: eine Ratte) riechen.

smoking gun Beweisstück. Wörtlich: die rauchende Waffe (die den Täter verrät).

a snake in the grass »eine falsche Schlange«.

snowball anwachsen (wie ein Schneeball zu einer Lawine).

soap opera »Seifenoper«, rührseliges Familiendrama im Radio oder Fernsehen, z. B. *Dallas.* Ursprünglich wurden die Serien vorwiegend von Waschmittelherstellern finanziert.

social climber Aufsteiger, Emporkömmling.

soda/ice cream soda Getränk aus Sodawasser und Speiseeis sowie wahlweise Schokolade, Vanille oder Obst, das an der Eisbar *(soda fountain)* vom Barmixer *(soda jerk)* zubereitet wird.

soft drug »weiche« Droge, z. B. Marihuana. Gegenteil: *hard drug.*

soft-soap someone jemandem schmeicheln, jemandem »um den Bart gehen«.

soul Das Wort Seele bedeutet Schwarzamerikanern Unmittelbarkeit und Intensität des Gefühlsausdrucks *(soul sister, soul brother)* und eine bestimmte Form des musikalischen Ausdrucks *(soul music)*.

sourpuss Miesepeter (*puss* = Visage).

southpaw Linkshänder (*paw* = Pfote; Baseballsprache).

spare tire Fettpolster, das sich in den »besten Jahren« mitunter um die Körpermitte legt. Wörtlich: Ersatzreifen.

SPCA *Society for the Prevention of Cruelty to Animals.* Tierschutzbund.

speakeasy Kneipe; während der → *Prohibition* ein Lokal, in dem Alkohol illegal ausgeschenkt wurde. Von *speak easy* im Sinne von *speak softly,* leise sprechen.

spiel flotter Spruch, aufgebauschte Geschichte.

spill the beans etwas ausplaudern. → *let the cat out of the bag.*

spin-off Nebenprodukt in einem technologischen Entwicklungsprozeß, das evtl. in einen ganz anderen Verwendungsbereich übergeht, z. B. Erkenntnisse und Erfindungen aus der militärischen Entwicklung, die im zivilen Bereich genutzt werden.

spin one's wheels seine Zeit vergeuden. Wörtlich: die Räder durchdrehen lassen.

spitting image Ebenbild. *He is the spitting image of his father.* Er ist seinem Vater wie aus dem Gesicht geschnitten. Der Ausdruck ist eine Korrumpierung von *spit and image,* das seinerseits auf einen Hexenzauber zurückgeht, in dem ein Abbild des Opfers und etwas von seinem Speichel benutzt werden.

split ticket Stimmzettel mit Kandidaten mehrerer Parteien. Gegenteil: *straight ticket.*

spot check Stichprobe.

spruce up sich feinmachen, sich »in Schale werfen« (*spruce* = adrett, geschniegelt).

stack the cards die Karten »packen«, beim Mischen betrügen. Im übertragenen Sinne: mogeln. *The cards are stacked against us,* wir haben kaum eine Chance.

stag party Herrenabend, Männerrunde (*stag* = Hirsch). → *hen party,* → *bull session.*

stake out a claim Ansprüche anmelden. Wörtlich: mit Pfählen eingrenzen; Ausdruck aus der Landvermessung im 19. Jahrhundert.

standard time Normalzeit zwischen Herbst und Frühjahr, eine Stunde hinter der → *daylight saving time.*

stand someone up jemanden versetzen oder sitzenlassen. Wahrscheinlich Anspielung auf die Situation, in der die Braut/der Bräutigam vergeblich vor dem Altar wartet.

Stars and Stripes Die Nationalflagge der Vereinigten Staaten, das »Sternenbanner«, hatte 1777, als sie offiziell wurde, 13 Sterne. Seit 1959 die Sterne für Alaska und Hawaii hinzukamen, sind es 50. *Star-Spangled Banner* bezieht sich auch auf die Nationalhymne. → *Old Glory.*

start from scratch ganz von vorne, bei Null anfangen; in wörtlichem Sinne: von der in den Boden gescharrten Startlinie.

State Department Außenministerium, entsprechend *Secretary of State,* Außenminister. Für die meisten anderen Staaten verwenden die Amerikaner jedoch die Bezeichnungen *foreign ministry* und *foreign minister.* → *Foggy Bottom.*

state-of-the-art dem neuesten (Forschungs-)Stand entsprechend.

stateside aus der Heimat, in die/der Heimat. Von Amerikanern in Übersee mit Bezug auf die Vereinigten Staaten verwendet, z. B. *I'm going stateside next month.*

steamroller (die Opposition) niederwalzen, (einen Antrag) durchpeitschen. Von *steamroller,* Dampfwalze. Auch: *to railroad something through.*

step/tread on someone's toes jemandem »auf die Zehen treten«, jemandem »auf den Schlips treten«.

stick one's neck out viel riskieren, den Kopf hinhalten.

stick out like a sore thumb auffallen, hervorstechen. *That sticks out like a sore thumb,* das sieht ja ein Blinder.

(in) the sticks Waldland; ländliche Gegend; in einer späteren Bedeutung auch abgelegene Gegend. In ähnlichem Sinne auch *backwoods* und → *boondocks.*

straight from the horse's mouth aus berufenem Mund, aus erster Hand. (Das Alter eines Pferdes erfährt man am besten aus dessen eigenem Mund, durch Inspizieren der Zähne.)

straight from the shoulder unverblümt, frisch von der Leber weg.

straphanger im Bus stehender Fahrgast, der sich mit einer Hand in die Halteschlaufe einhängt.

stuck-up hochnäsig.

stuffed shirt Wichtigtuer. Wörtlich: ausgepolstertes Hemd.

stump Baumstumpf; im übertragenen Sinne: Rednerpult, von daher die Wendungen *stump the district, take to the stump,* (Wahl-)Reden halten. Indianer ließen für ihre Redner Baumstümpfe in ihren Siedlungen stehen.

sucker gutgläubiger Trottel.

sugar-coat mit Zuckerguß überziehen; in übertragenem Sinne »versüßen«.

sugar daddy reicher älterer Mann, der eine junge Frau aushält.

Sunset Strip Stadtviertel von Los Angeles, in dem sich gesellschaftliche Außenseiter aufhalten.

Super Bowl Meisterschaft im amerikanischen Fußball zwischen den Spitzenmannschaften der *National Football Conference* und der *American Football Conference.*

sure thing! aber sicher! sicher doch! burschikose Bestätigung oder Zusage; z. B. *»How about splitting a beer?« – »Sure thing«.* Ähnliche für den amerikanischen Sprachgebrauch typische Bestätigungsformeln: *(It) sure is;* oder *(I) sure do.* → *you bet.*

sweet potato Batate; im Gegensatz zu den allgemein bekannten *white potatoes* süß schmeckende rötlich-gelbe Wurzelknollen.

syndicated articles Zeitungsmeldungen und -artikel, die über eine Agentur *(syndicate)* an mehrere Zeitungen verkauft werden.

T

tacky minderwertig, schäbig. Aus den Südstaaten.

tailgate zu dicht auffahren (*tailgate* = Hecktür).

tailormade maßgeschneidert (auch im übertragenen Sinne).

take a back seat in den Hintergrund treten, sich zurückhalten. → *keep a low profile.*

take a crack at es versuchen mit; z. B. *let me take a crack at it.*

take a dim view of something etwas pessimistisch beurteilen; etwas mißbilligen.

take care! als Abschiedsformel, etwa wie »Mach's gut!«

take it out on someone seinen Zorn an jemandem auslassen.

take someone for a ride jemanden auf den Arm nehmen; jemanden reinlegen. Eine ältere Bedeutung ist aus amerikanischen Gangsterfilmen bekannt: in einem Auto entführen und umbringen.

take the cake den Preis davontragen, »den Vogel abschießen«. *That takes the cake!* Das ist Spitze! (auch ironisch).

take the Fifth Inanspruchnahme von Artikel 5 der *Bill of Rights* (Grundsatzkatalog) der amerikanischen Verfassung *(Fifth Amendment),* der jedem das Recht auf Aussageverweigerung zubilligt, wenn er sich selbst belasten würde.

take the starch out of someone jemandem die letzten Kräfte rauben (*starch* = Stärkemehl).

take to one's heels Fersengeld geben, die Beine in die Hand nehmen.

talk a blue streak wie ein Wasserfall reden.

talk through one's hat dummes Zeug reden, den Mund vollnehmen.

talk turkey »Tacheles reden«, zur Sache kommen.

tall tale in der amerikanischen Erzähltradition verwurzelte Form der Erzählung, die von der phantasievollen Übertreibung lebt.

task force im Zweiten Weltkrieg gemischte Kampfverbände bei der Marine. Der Ausdruck bezieht sich heute auf Einsatzgruppen, Sonderdezernate bei der Polizei und andere Arbeitsgruppen.

tear-jerker Schnulze; Geschichte, die auf die Tränendrüsen drückt.

teddy bear die Herstellung und der Name des Plüschbären sind durch eine Karikatur inspiriert worden, die den Präsidenten Theodore (Teddy) Roosevelt als Großwildjäger mit einem Bärenjungen zeigt.

teetotaler Abstinenzler. Das Wort verbreitete sich in den dreißiger Jahren des 19. Jahrhunderts mit der von der *American Temperance Union* geforderten völligen Abstinenz. Die Wortbildung ergibt sich aus *T-total*, mit Reduplikation des T zur Verstärkung des Wortes.

televangelist Prediger im Fernsehen.

tenderfoot Neuling, Anfänger. Ursprünglich Neuankömmling im amerikanischen Westen, der noch nicht mit den Gefahren und Härten dort vertraut war (*tender* = weich, empfindlich).

Tex-Mex Spezialitäten der Küche im Grenzgebiet von Texas und Mexiko.

Thanksgiving Day Erntedankfest, das auf den vierten Donnerstag im November fällt; in den Vereinigten Staaten im besonderen zur Erinnerung an die erste von den *pilgrim fathers* eingebrachte Ernte. Der Tag wird für Familientreffen genutzt und heißt bei Kindern wegen des traditionellen Truthahnessens auch *Turkey Day.* → *cranberry.*

that made my day das hat den Tag für mich gerettet.

that's about the size of it genau! so ist es!

that's a horse of another color das ist etwas ganz anderes.

that's a whole new ball game das schafft eine völlig neue Situation; das ändert vieles.

that's the way the ball bounces so ist das Leben; das ist der Lauf der Welt. Ähnliche Bedeutung hat: *That's the way the cookie crumbles;* Wendungen, die scherzhaft-tröstend nach einem Mißerfolg zu hören sind.

there is always room at the top oben ist immer Platz. Mit dieser sprichwörtlich gewordenen Wendung antwortete der Staatsmann Daniel Webster (1782–1852), als man ihm davon abriet, Rechtsanwalt zu werden, weil der Beruf schon überfüllt war.

these are the times that try men's souls In diesen Zeiten werden die Seelen der Menschen auf eine harte Probe gestellt. Thomas Paine (1737–1809), im ersten Jahr des amerikanischen Unabhängigkeitskrieges.

the $ 64 question die entscheidende Frage. Nach einem Quiz im CBS-Rundfunkprogramm *Take It Or Leave It,* bei dem sich die Preise bei richtigen Antworten bis zu 64 Dollar verdoppelten (später im Fernsehen 64 000 Dollar).

thingamajig / thingumabob das Dingsda. Ebenso: *watchemacallit, whats-it, whatsis.* → *gismo.*

think tank Denkfabrik.

thorn in the flesh / side Pfahl im Fleisch (2. Korintherbrief, XII, 7).

three-ring circus »Affenzirkus«.

throw a monkey wrench in the works etwas stören, zum Stillstand bringen. Wörtlich: einen »Engländer« (= Schraubenschlüssel) in eine Maschine werfen.

throw cold water on something einen Dämpfer aufsetzen.

throw in the sponge / towel »das Handtuch werfen«; aufgeben.

throw one's hat into the ring wörtlich: seinen Hut in den Ring werfen. In der Politik: seine Kandidatur erklären.

throw someone a curve etwas Unerwartetes tun; jemandem etwas Unerwartetes sagen (Baseballsprache).

thumbnail sketch eine kleine Skizze; eine Kurzdarstellung (*thumbnail* = Daumennagel).

thumb one's nose at somebody jemandem »eine lange Nase machen«.

tickled pink »ganz weg« vor Freude.

time is money als Urheber dieser Floskel wird der amerikanische Staatsmann und Erfinder Benjamin Franklin (1706–1790) genannt.

time zones (time belts) Zeitzonen. In den Vereinigten Staaten sind die wichtigsten: *Eastern time, Central time, Mountain time* und *Pacific time* – jeweils mit einer Zeitverschiebung von einer Stunde.

Tin Pan Alley Viertel an der *Seventh Avenue* in New York, in dem Unterhaltungsmusik komponiert und produziert wird. Die Bezeichnung, in der *tin pan* soviel wie Klimperkasten bedeutet, wurde in anderen Großstädten übernommen.

tip someone off jemandem einen Tip geben, jemanden warnen. *Tip-off* heißt Wink, Warnung.

tit for tat wie du mir, so ich dir. *give someone tit for tat,* jemandem mit gleicher Münze heimzahlen.

to boot zusätzlich, obendrein; z. B. *three hundred dollars a week and meals to boot.* (Das Wort hat nichts mit *boot,* Stiefel, zu tun; es kommt von mittelenglisch *bote,* Vorteil).

tongue in cheek ironisch, hintersinnig (reden). Wörtlich: mit der Zunge in der Backe.

toot/blow one's own horn wörtlich: ins eigene Horn stoßen, sein eigenes Lob singen.

top banana die Person an der Spitze, die Chefin/der Chef.

top-notch prima, erstklassig. Auch: *top-drawer.*

topsy-turvy drunter und drüber, chaotisch. In wörtlichem Sinne: von oben nach unten gekehrt.

a toss-up wörtlich: Hochwerfen (einer Münze). *It was a toss-up,* die Lage war völlig offen.

touch-and-go riskant, prekär. *It is touch-and-go,* es steht auf des Messers Schneide.

touch base (with) Verbindung aufnehmen (mit). *Although our children live abroad, they touch base with us quite often.*

township Gemeinde, Verwaltungsbereich innerhalb einer *county,* die wiederum Teil eines Bundesstaates ist.

traffic (öffentlicher) Verkehr; Handel, (unerlaubte) Geschäfte z. B. *drug trafficking*. Im Verkehrswesen weichen viele Bezeichnungen vom britischen Englisch ab; z. B. *cab, cabby* (Taxi, Taxifahrer), *divided highway* (Schnellstraße mit Mittelstreifen), *elevator* (Aufzug), *freeway* (gebührenfreie Schnellstraße), *intersection* (Straßenkreuzung), *line up* (sich anstellen), *parking lot* (Parkplatz), *precinct* (Polizei- oder Wahlbezirk), *sidewalk* (Bürgersteig), *subway* (U-Bahn), *trailer* (Wohnwagen), *transfer* (Umsteigekarte), *turnpike* (Mautstraße).

Tribeca/TriBeCa Künstler- und Wohnviertel, das in den frühen achtziger Jahren in Manhattan entstand. Das Akronym kommt von *Triangle Below Canal Street,* ebenso wie *SoHo* von *South of Houston Street.*

trump up erdichten, sich aus den Fingern saugen.

the tube das Fernsehen, die »Glotze«.

tunnel vision Scheuklappen.

turn over a new leaf ein neues Leben beginnen.

turn someone off jemanden anwidern.

turn thumbs down (on) etwas oder jemanden ablehnen (mit der bekannten Handbewegung).

turn up one's nose at someone or something die Nase uber jemanden oder etwas rümpfen.

twiddle one's thumbs Däumchen drehen, die Hände in den Schoß legen.

twist someone's arm jemanden zu etwas zwingen. Wörtlich: jemandes Arm umdrehen.

two bits, four bits, six bits 25 cents, 50 cents, 75 cents.

tycoon Finanzmagnat, Industriekapitän.

U

UCLA University of California, Los Angeles.

The Ugly American William Lederer und Eugene Burdick schrieben 1958 ein Buch mit diesem Titel, in dem sich das Wort *ugly* allerdings nur auf die äußere Erscheinung der Titelfigur bezieht. Im Sprachgebrauch bezog sich die Floskel dann später auf die, die in dem Buch die eigentlichen Bösewichte waren: Diplomaten und Kaufleute, die sich im Ausland, besonders in der Dritten Welt, durch anmaßende Lebensführung und fehlende Beziehungen zu Land und Leuten unbeliebt machten.

the umpteenth der soundsovielte.

Uncle Sam Symbolfigur der Vereinigten Staaten (U.S.!), in Karikaturen dargestellt als hagere Gestalt mit rot-weiß-blauem Zylinder und Schwalbenschwanz. Sie wurde 1812 im Krieg gegen England geschaffen und wurde im Ersten Weltkrieg für die Anwerbung von Soldaten eingesetzt.

Uncle Tom Spottname für einen Schwarzen, der die Herrschaft der Weißen akzeptiert oder sich ihnen gegenüber ergeben und unterwürfig zeigt (nach der Titelfigur des Romans von Harriet Beecher Stowe).

Underground Railroad vor dem Bürgerkrieg organisierte Fluchthilfe für Sklaven.

unglue someone jemanden aus der Fassung bringen. *To come unglued* heißt aus der Fassung geraten.

Union so wurden seit Mitte des 18. Jahrhunderts die Kolonien, seit der Unabhängigkeitserklärung die damaligen Vereinigten Staaten und seit 1836 die Nordstaaten bezeichnet.

up one's alley nach jemandes Geschmack. *That's just up my alley,* das ist ganz mein Fall. → *cup of tea.*

up one's sleeve in petto, auf Lager. *He has something up his sleeve,* er führt etwas im Schilde. → *a card up one's sleeve.*

the upper crust die oberen Zehntausend, die Spitzen der Gesellschaft. (*crust* = Kruste). Sonst auch: *high society, upper classes.*

uppity aufgeblasen, hochnäsig, anmaßend.

upscale avanciert, was sozialen Rang, Einkommen oder Geschmack betrifft.

upset the apple cart (die Dinge/Pläne) über den Haufen werfen.

up the wall die Wände hoch. Oft in der Wendung: *to drive/send someone up the wall,* jemanden auf die Palme bringen.

uptight aufgebracht, nervös. *To get uptight about something,* sich über etwas aufregen.

(not) up to par/scratch/snuff meistens verneinend: nicht auf der Höhe, in Form.

V

varsity Kurzform für *university.*

vaudeville Musikvarieté, in den Vereinigten Staaten bis in die dreißiger Jahre sehr populär, heute im Fernsehen neu gestaltet. Ursprung im Französischen: *chansons du vau de Vire.*

VIP *(very important person)* wichtige, bekannte Persönlichkeit. → *big shot.*

voiceprint graphische Darstellung der Stimme zur Identifizierung.

W

wait until the dust settles warten, bis sich die Aufregung gelegt hat (... bis der Staub sich gelegt hat).

walk out in Streik treten. Auch: *go on strike.*

Walter Mitty Spottname für einen Träumer, besonders für jemanden, der sich mit seinen Luftschlössern im Alltagsleben in Schwierigkeiten bringt. Nach James Thurbers bekannter Kurzgeschichte *The Secret Life of Walter Mitty.*

War of Independence (auch: Revolutionary War, 1775–1783) Unabhängigkeitskampf der dreizehn ursprünglichen britischen Kolonien, der mit der Gründung der Vereinigten Staaten endete. Zu den Hauptursachen gehörte die Unzufriedenheit der Kolonien mit der britischen Steuerpolitik *(»No taxation without representation!«).*

wash one's dirty linen in public seine schmutzige Wäsche in aller Öffentlichkeit waschen.

WASP *(White Anglo-Saxon Protestant)* protestantischer Amerikaner britischer oder nordeuropäischer Abstammung. Das Akronym wird häufig mit sozialkritischem Unterton verwendet. Der Begriff schließt Schwarze und andere ethnische Gruppen aus (*wasp* = Wespe).

waste one's breath in den Wind reden. *You are wasting your breath, save your breath,* du kannst dir die Worte sparen.

Watergate politischer Skandal im Weißen Haus während der Wahlkampagne 1972. Er entstand nach einem Einbruch in die Zentrale der Demokratischen Partei im Watergate-Komplex in Washington und hatte seinen Höhepunkt im Rücktritt Präsident Nixons. Analoge Wortbildungen bei anderen politischen Skandalen, z. B. *Irangate.*

water over the dam Ereignisse, die unwiderbringlich vorbei sind.

WCTU *Women's Christian Temperance Union.* Die im 19. Jahrhundert entstandene Frauenbewegung kämpfte gegen den Alkoholkonsum, und für moralische Aufrüstung. Eine spätere Gründung, die *ASL (Anti-Saloon League,* mit Slogan *The Saloon Must Go)* erzwang die Gesetzgebung zur → *Prohibition.*

wear out one's welcome länger bleiben oder öfter kommen als erwünscht; die Gastfreundschaft überstrapazieren.

wear thin »fadenscheinig« werden, sich erschöpfen (von Geduld, Witzen usw.).

West Point amerikanische Militärakademie im Staat New York.

wetback illegaler Einwanderer aus Mexiko. Anspielung auf das Durchschwimmen des Rio Grande. Illegal eingeschmuggelte Tiere wurden *wet ponies* oder *wet cows* genannt.

whale (the tar out of) someone vernichtend schlagen (*to whale* = verdreschen; *tar* = Teer).

what's eating you? was ist los mit dir? was wurmt dich?

what's good for General Motors is good for the country. Diesen Werbespruch lieferte unfreiwillig Charles E. Wilson, den Eisenhower als Verteidigungsminister vorschlug. Wilson wurde von einer Senatskommission auf Interessenkonflikte mit seiner früheren Tätigkeit als Präsident von General Motors hin angesprochen. Seine Antwort enthielt die obigen Worte.

what's sauce for the goose is sauce for the gander was dem einen recht ist, ist dem anderen billig.

what's thc good word? freundliche Begrüßung, etwa: Wie geht's, wie steht's?

wheeler dealer ausgekochter Geschäftsmann; »Macher«.

when hell freezes over am Sankt-Nimmerleins-Tag. *until hell freezes over* = bis in alle Ewigkeit.

where the action is wo was los ist.

which twin has the Toni? Reklamespruch, der in den fünfziger Jahren entstand und seither immer wieder in abgewandelter Form erscheint. In der Urfassung sollte erraten werden, welcher der abgebildeten Zwillinge eine Dauerwelle vom Friseur und welcher die in der Werbung angepriesene Heimdauerwelle Marke Toni hatte.

whispering campaign Verleumdungskampagne.

whistle-blower jemand, der Mißstände an die Öffentlichkeit bringt. Wer dagegen nur Informationen »durchsickern« läßt, wird *leaker* genannt. Das ältere Wort *whistler* bedeutet Polizeispitzel; *blow the whistle on someone* heißt im ersten Sinne Straftaten oder Mißstände an die Öffentlichkeit bringen und im zweiten Sinne jemanden »verpfeifen«.

whistle in the dark im Dunkeln vor sich hinpfeifen. In übertragenem Sinne: sich selbst Mut machen.

whistle stop ein Kaff an der Bahnlinie.

white elephant kostspieliger, aber nutzloser oder kitschiger Gegenstand; auch: lästiger Besitz.

white lie Notlüge.

white slavery kriminelle Prostitution.

whitewash something etwas übertünchen, über einen politischen Skandal beschönigend berichten.

the whole ball of wax der ganze Kram, der ganze Laden; auch: *the whole kit and caboodle; the whole shebang.*

whole-hogger jemand, der etwas mit äußerster Konsequenz verfolgt; ein »Hundertfünfzigprozentiger«. *To go the whole hog* ist ganze Arbeit leisten; sich mit ganzer Kraft für etwas einsetzen.

a whole new ball game etwas ganz anderes, eine völlig neue Situation.

. . . widow Wortzusammensetzungen mit . . . *widow* sind in der Sprachgestaltung produktiv. *Golf widows* werden von *golf-crazy husbands, computer widows* von *computer freaks* allein gelassen. *Grass widows* sind im amerikanischen Englisch meist nicht Strohwitwen, sondern geschiedene oder getrennt lebende Frauen. Früher, bereits Mitte des 19. Jahrhunderts, wurde die *California widow* bekannt, die zur Zeit des *gold rush* von ihrem Mann verlassen wurde. → *forty-niner.*

the willies Unbehagen. In der Formulierung *it gives me the willies,* dabei wird mir »ganz anders«.

wing it improvisieren; z. B. *We didn't make reservations, we just winged it.*

win hands down mit Leichtigkeit gewinnen.

wisecrack Witzelei, Flachserei, Stichelei.

wise guy Schlawiner, »Klugscheißer«. → *smart aleck;* → *know-it-all.*

wishy-washy unentschlossen, lasch; »verwaschen«.

with flying colors mit fliegenden Fahnen; mit großem Erfolg.

Women's Lib Frauenbewegung. Der Ausdruck entstand mit der studentischen Protestbewegung der sechziger Jahre in den Vereinigten Staaten. Die aktiven Mitglieder der Bewegung, scherzhaft *Libbers* genannt, bevorzugten selbst die vollständige Form *Women's Liberation Movement.*

by word of mouth mündlich, gesprächsweise: *I was informed of his promotion by word of mouth.*

workaholic besessener Arbeiter, »Arbeitstier«. Nachbildung zu *alcoholic.*

World Series Höhepunkt der Baseballsaison mit Spitzenspielen der amerikanischen Mannschaften der *American League* und der *National League.*

worry wart jemand, der sich leicht Sorgen macht; Schwarzseher. Wörtlich: Kummerwarze.

worth one's salt sein Geld wert sein; aus der Zeit, in der Salz noch eine Kostbarkeit war.

worth one's weight in gold (nicht) mit Gold aufzuwiegen.

the wrong side of the tracks ärmliche Verhältnisse. Oft in der Formulierung *born on the wrong side of the tracks.* Die Redewendung spielt darauf an, daß die Bahnlinie in Städten häufig eine soziale Trennlinie ist.

X

xerox Photokopien herstellen, kopieren. Eine Photokopie ist *a xerox.*

X-ing als Abkürzung für *crossing* auf Straßenschildern, z. B. *deer X-ing,* Wildwechsel.

Y

Y *YMCA* oder *YWCA: Young Men's/Young Women's Christian Association; YM/YWHA: Young Men's/Young Women's Hebrew Association.* Die Organisationen bieten Übernachtungsmöglichkeiten, Mahlzeiten, auch Kurse etc. an. Daher Ausdrücke wie *staying at the Y.*

Yankee Bewohner der Neuenglandstaaten. Die Bezeichnung ist wahrscheinlich aus dem holländischen Namen *Jan Kees* hervorgegangen. Sie wurde ursprünglich als Spottname für Engländer in Connecticut verwendet und später von Südstaatlern für Nordstaatler. Im Zweiten Weltkrieg fanden sich dann sogar amerikanische Soldaten aus den Südstaaten von den Europäern so tituliert.

yellow feige. Auch: *yellow-bellied.*

yellow journalism Sensationspresse, Boulevardpresse. In diesem Sinne wurde die Bezeichnung bereits Mitte des 19. Jahrhunderts für Zeitschriften und Bücher (häufig mit billigen gelben Einbänden) verwendet. Weithin bekannt wurde sie mit der Sensationsberichterstattung New Yorker Zeitungen im Krieg gegen die Spanier in Kuba 1898. Allerdings wird zur Verbreitung des Ausdrucks auch auf eine damals populäre Comic-Figur, *The Yellow Kid*, verwiesen.

you bet wörtlich: Da kannst du drauf wetten. Emphatische Bejahung. → *sure thing*.

you can't win 'em all man muß auch verlieren können (oft zum Trost gesagt).

Young Turk Jungtürke; junger Revolutionär oder Reformer. Jungtürken nannten sich die politischen Reformer im Osmanischen Reich, die 1913 an die Macht kamen.

you're welcome als Antwort auf *thanks,* im Sinne von »Gern geschehen!«, »Bitte«, »Nichts zu danken!« oder »Keine Ursache!«.

Yuppie *(young urban professional)* karrierebewußter junger Mensch mit urbanem Lebensstil.

Z

zero in on something sich einschließen, sich auf etwas konzentrieren.

Zip Code Fünftstelliges Postleitsystem zur schnelleren Abwicklung der Postverteilung. *Zip* soll Schnelligkeit signalisieren, ist aber auch Akronym für *Zone Improvement Program.*

zombie Idiot, Schwachkopf. *like a complete zombie,* total »bescheuert«. Die Vorstellung vom Zombie ist im Wodukult Haitis und einiger amerikanischer Südstaaten begründet, ursprünglich auf eine Gottheit, dann auf wiederbelebte Tote bezogen.

Literaturhinweise

Chapman, Robert L.: A Dictionary of American Slang. New York 1987.

Ciardi, John: A Browser's Dictionary and Native's Guide to the Unknown American Language. New York 1980.

Cohen, J. M., and M. J.: The Penguin's Dictionary of Quotations. Harmondsworth 1960.

Flexner, Stuart Berg: I Hear America Talking. New York 1976.

Makkai, Adam: A Dictionary of American Idioms. New York, 2. Aufl. 1987.

Morris, William and Mary: Dictionary of Word and Phrase Origins. 2 Bde, New York 1962/67.

Moss, Norman: British/American Language Dictionary. Lincolnwood, Illinois 1984.

Safire, William: Safire's Political Dictionary. New York 1968.

Urdang, Laurence: The Whole Ball of Wax. New York 1988.